全民阅读·经典小丛书

冯慧娟 ◎ 编

世界文化与自然遗产

吉林出版集团股份有限公司

版权所有　侵权必究

图书在版编目（CIP）数据

世界文化与自然遗产 / 冯慧娟编. —长春：吉林出版集团股份有限公司，2015.6

（全民阅读.经典小丛书）

ISBN 978-7-5534-7799-2

Ⅰ.①世… Ⅱ.①冯… Ⅲ.①文化遗产–世界 Ⅳ.①K103

中国版本图书馆 CIP 数据核字 (2015) 第 128488 号

SHIJIE WENHUA YU ZIRAN YICHAN

世界文化与自然遗产

作　　者：	冯慧娟　编
出版策划：	孙　昶
选题策划：	冯子龙
责任编辑：	刘　洋　王　媛
排　　版：	新华智品
出　　版：	吉林出版集团股份有限公司
	（长春市福祉大路 5788 号，邮政编码：130118）
发　　行：	吉林出版集团译文图书经营有限公司
	（http://shop34896900.taobao.com）
电　　话：	总编办 0431-81629909　　营销部 0431-81629880 / 81629881
印　　刷：	北京一鑫印务有限责任公司
开　　本：	640mm × 940mm　1/16
印　　张：	10
字　　数：	130 千字
版　　次：	2015 年 10 月第 1 版
印　　次：	2019 年 6 月第 3 次印刷
书　　号：	ISBN 978-7-5534-7799-2
定　　价：	32.00 元

印装错误请与承印厂联系　电话：18611383393

前 言

在人类生存的地球上，有许多非同寻常的奇观。其中有一些最富价值或代表性，并且最为现代人所看重，于是被赋予"世界遗产"的神圣称谓。

截至2007年6月底，在联合国教科文组织的《世界遗产名录》这份权威文件上，共收录了851处世界遗产，涵盖了147个国家和地区。其中世界遗产最多的国家是意大利，共有40处。中国的世界遗产也已经达到31处。

这些鼎鼎大名的世界遗产，有的源于大自然鬼斧神工的雕琢（166处），比如赞比亚境内的维多利亚瀑布、坦桑尼亚境内的乞力马扎罗山等；有的则属于人类巧夺天工的创造（660处），最优秀的代表如埃及的金字塔、柬埔寨的吴哥窟等；有的则集上述两者之精华，是自然与人类共同完成的杰作（25处），比如秘鲁的马丘比丘古城、澳大利亚的卡卡杜国家公园等。还有一些，我们甚至还无法确定到底是谁的杰作：是神奇的自然，是地球上的人类，还是这两者之外的第三者？它们给现代人留下了一些巨大的疑团，比如，秘鲁纳斯卡草原那些巨大而神秘的线条图、英国的排列怪异的巨石阵……

世界遗产本身就是一部卷帙浩繁的无字天书，人类若能充满敬意地去寻访、阅读它们，无疑会获得更多的智慧、力量和勇气。然而，世界遗产地跨全球五大洲，相互之间远隔万水千山，就是最富有激情的专职旅行家，恐怕也无法一一涉足，何况我们这些忙碌的现代人呢！为此，我们精心编写了本书，详细介绍了国外最具代表性、最受关注的50多处世界遗产。

当然，相对于洋洋大观的世界遗产而言，本书所介绍者，实为冰山之一角。不过，古人云"一叶落而知天下秋"，编者衷心希望能通过本书，为读者献上一片立意深远的秋叶！

目录 CONTENTS

【世界遗产的遴选标准】 ··· 008

亚洲

印度 | India ··· 012
  泰姬陵 ··· 013
  科纳拉克太阳神庙 ······························· 015
  桑吉佛教古迹 ······································ 017

印度尼西亚 | Indonesia ····································· 019
  婆罗浮屠塔 ·· 020
  科莫多国家公园 ··································· 022

日本 | Japan ·· 024
  法隆寺 ··· 025
  历史名城奈良 ······································ 027

土耳其 | Turkey ·· 030
  特洛伊考古遗址 ··································· 031

尼泊尔 | Nepal ·· 033
  佛祖诞生地兰毗尼 ······························· 034

柬埔寨 | Cambodia ·· 036
  吴哥窟 ··· 037

伊朗 | Iran ·· 039
  波斯波利斯 ·· 040

叙利亚 │ Syria	042
大马士革古城	043
老挝 │ Laos	045
琅勃拉邦	046

欧洲

意大利 │ Italy	050
罗马历史中心（和梵蒂冈共享）	051
威尼斯及其潟湖	053
比萨中央教堂广场	054
庞贝古城	056
法国 │ France	059
凡尔赛宫	060
奥朗日古罗马剧院和凯旋门	062
巴黎塞纳河畔	064
圣彼得堡历史中心及其古迹群	066
莫斯科克里姆林宫和红场	068
贝加尔湖	070
希腊 │ Greece	072
雅典卫城	073
奥林匹亚考古遗址	074
英国 │ England	077
"巨石阵"遗迹	078
伦敦塔	080
德国 │ Germany	082

科隆大教堂 ··· 083
西班牙｜Spain ··· 085
　　　阿尔塔米拉洞窟 ··· 086
奥地利｜Austria ··· 088
　　　维也纳历史中心 ··· 089
比利时｜Belgium ·· 092
　　　布鲁塞尔大广场 ··· 093
梵蒂冈｜Vatican ·· 096
　　　梵蒂冈城 ··· 097
匈牙利｜Hungary ·· 099
　　　布达佩斯 ··· 100
罗马尼亚｜Romania ··· 102
　　　多瑙河三角洲 ··· 103

非洲

埃及｜Egypt ··· 106
　　　底比斯古城及其墓地 ·· 107
　　　孟菲斯及其墓地金字塔 ····································· 109
　　　伊斯兰城市开罗 ··· 111
突尼斯｜Tunis ··· 113
　　　迦太基考古遗址 ··· 114
赞比亚｜Zambia ··· 116
　　　维多利亚瀑布 ··· 117
津巴布韦｜Zimbabwe ·· 119
　　　大津巴布韦遗址 ··· 120

埃塞俄比亚｜Ethiopia ·················· 122
  拉利贝拉岩石教堂 ················ 123
坦桑尼亚｜Tanzania ·················· 126
  乞力马扎罗国家公园 ·············· 127

美洲

美国｜America ······················ 130
  大峡谷国家公园 ·················· 131
  自由女神像 ······················ 133
  黄石国家公园 ···················· 135
秘鲁｜Peru ························ 137
  纳斯卡和胡马纳草原的线条图 ······ 138
  马丘比丘古城 ···················· 140
墨西哥｜Mexico ···················· 142
  奇琴伊察古城 ···················· 143
巴西｜Brazil ······················ 145
  巴西利亚 ························ 146
智利｜Chile ························ 148
  复活节岛国家公园 ················ 149

大洋洲

澳大利亚｜Australia ················ 152
  卡卡杜国家公园 ·················· 153
  大堡礁 ·························· 156

【世界遗产的遴选标准】

1972年，联合国教科文组织在法国巴黎通过了《保护世界文化和自然遗产公约》，确定为了人类的今天和未来，将世界范围内被认为具有突出和普遍价值的文物古迹和自然景观列入《世界遗产名录》，以确保遗产的价值能永久保存下去。公约规定，对于世界遗产，整个国际社会都有责任予以保护。

〈文化遗产〉

《保护世界文化和自然遗产公约》规定，属于下列各类内容之一者，可列为文化遗产：

1. 文物：从历史、艺术或科学角度看，具有突出、普遍价值的建筑物、雕刻和绘画，具有考古意义的成分或结构，铭文、洞穴、住区及各类文物的综合体；

2. 建筑群：从历史、艺术或科学角度看，因其建筑的形式、同一性及其在景观中的地位，具有突出、普遍价值的单独或相互联系的建筑群；

3. 遗址：从历史、美学、人种学或人类学角度看，具有突出、普遍价值的人造工程或人与自然的共同杰作以及考古遗址地带。

凡提名列入《世界遗产名录》的文化遗产项目（用"C"表示），必须符合下列一项或几项标准方可获得批准。

ⅰ——代表一种独特的艺术成就，一种创造性的天才杰作；

ⅱ——在一定时期内或世界某一文化区域内，对建筑艺术、纪念物艺术、城镇规划或景观设计方面的发展产生过重大影响；

ⅲ——能为一种已消逝的文明或文化传统提供一种独特的至少是特殊的见证；

iv——可作为一种建筑或建筑群或景观的杰出范例，展示出人类历史上一个（或几个）重要阶段；

v——可作为传统的人类居住地或使用地的杰出范例，代表一种（或几种）文化，尤其在不可逆转之变化的影响下变得易于损坏；

vi——与具有特殊普遍意义的事件或现行传统或思想或信仰或文学艺术作品有直接或实质的联系。（只有在某些特殊情况下或该项标准与其他标准一起作用时，此款才能成为列入《世界遗产名录》的理由。）

〈文化景观遗产〉

文化景观这一概念是1992年12月召开的世界遗产委员会第16届会议时提出并纳入《世界遗产名录》中的。这样，世界遗产即分为：自然遗产、文化遗产、自然与文化双重遗产、文化景观遗产。文化景观代表《保护世界文化和自然遗产公约》第一条所表述的"自然与人类的共同作品"。目前，列入《世界遗产名录》的文化景观还不多。总的来说，文化景观有以下类型：

1. 由人类有意设计和建筑的景观：包括出于美学原因建造的园林和

古罗马角斗场

公园景观；

2. 有机进化的景观：它产生于最初始的一种社会、经济、行政以及宗教需要，并通过与周围自然环境的相联系或相适应而发展到目前的形势；

3. 关联性文化景观：这类景观列入《世界遗产名录》，与自然因素、强烈的宗教、艺术或文化相联系为特征，而不是以文化物证为特征。

〈自然遗产〉

《保护世界文化和自然遗产公约》给自然遗产的定义是符合下列规定之一者：

1. 从美学或科学角度看，具有突出、普遍价值的由地质和生物结构或这类结构群组成的自然面貌；

2. 从科学或保护角度看，具有突出、普遍价值的地质和自然地理结构以及明确划定的濒危动植物物种生态区；

3. 从科学、保护或自然美角度看，具有突出、普遍价值的天然名胜或明确划定的自然地带。

列入《世界遗产名录》的自然遗产项目（用"N"表示），必须符合下列一项或几项标准方可获得批准：

ⅰ——构成代表地球演化史中重要阶段的突出例证；

ⅱ——构成代表进行中的重要地质过程、生物演化过程以及人类与自然环境相互关系的突出例证；

ⅲ——独特、稀有或绝妙的自然现象、地貌或具有罕见自然美的地带；

ⅳ——尚存的珍稀或濒危动植物种的栖息地。

〈自然和文化双重遗产〉

同时符合自然遗产和文化遗产标准的（用"N/C"表示），列为自然和文化双重遗产。

亚洲 ASIA

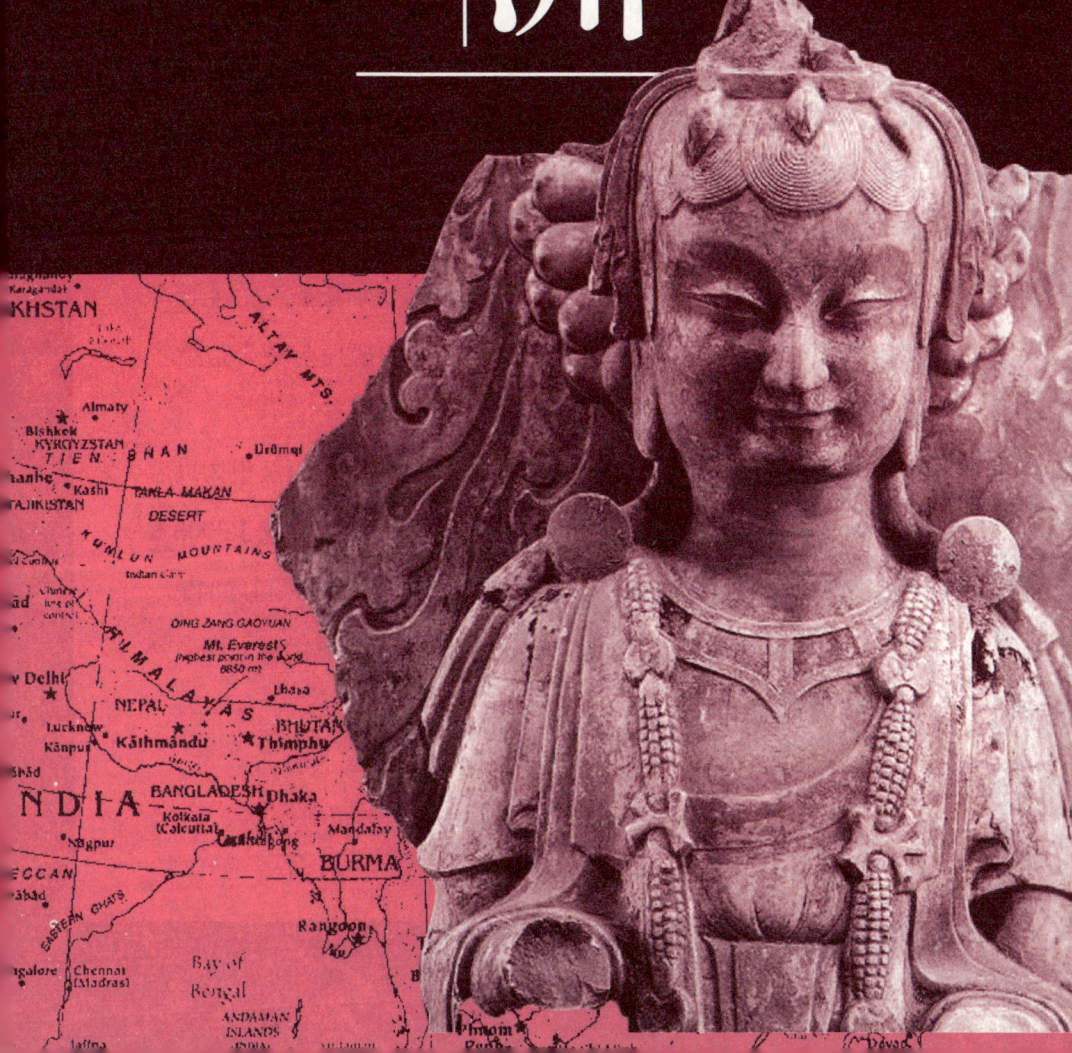

印度 | India

异域剪影

　　印度国名源于印度河，是世界领土第七大和人口第二多的国家。尽管南亚次大陆北部沙漠、喜马拉雅山脉和丛林构成了天然的屏障，但并未阻止历史上外来征服者的入侵。早在公元前1500年雅利安人即从中亚南侵，其后有阿拉伯人、突厥人及欧洲人先后入侵，英国人在18世纪完全控制印度，直到1947年印度才独立。印度本土文化和外来文化的碰撞与融合造就了辉煌的古代文明。

　　北印度是文化核心区，印度教、佛教、耆那教以及很久以后的锡克教，都诞生于此。印度教（包括婆罗门教）形成于3000多年以前，信徒人数远远多于其他各教，几乎占印度总人口的84%。印度有很多奇瑰的宗教建筑，尤其是莫卧儿帝国时代留下许多令人景仰的建筑。

泰姬陵

名片快递

中文名称	泰姬陵
英文名称	TajMahal
入世时间	1983年
遗产类别	文化遗产
遴选标准	C（i）

世界遗产委员会评价：

  泰姬陵是一座白色大理石建成的巨大陵墓清真寺，是莫卧儿皇帝沙贾汗为纪念他心爱的妃子于1631至1648年在阿格拉建成的。泰姬陵是印度伊斯兰艺术最完美的瑰宝，是世界遗产中令世人赞叹的经典杰作之一。

全景素描

  泰姬陵坐落在阿格拉附近的亚穆纳河畔，是17世纪的印度莫卧儿王朝第五代皇帝沙贾汗为他的宠后泰姬修建的陵墓，工程浩大，共历时22年才完工。

  陵园占地面积17万平方米，主体完全用白色大理石筑成，轮廓简洁明丽。在碧空和草坪之间，洁白光亮的陵墓更显得肃穆、端庄、典雅。陵墓的四周砌有红砂石围墙，中间有一个十字形水池，中心是喷泉。从陵园大门到陵墓，有一条用红石铺成的甬道。

陵墓建筑在一座7米高、95米长的正方形大理石基座上，四周各耸立着一座高高的尖塔。陵墓东西两侧各屹立着一座红砂岩筑成的清真寺，顶部是典型的白色圆顶，这两座清真寺充分展现了泰姬陵的平衡之美。位于陵墓中央的寝宫高74米，上部为一高耸的穹顶，下部为八角形陵壁。寝宫门窗及围屏都用白色大理石镂雕成菱形带花边的小格，墙上用翡翠、水晶、玛瑙、红绿宝石镶嵌着色彩艳丽的藤蔓花朵，光线所至，光华夺目，璀璨有如天上的星辉。门廊的框上镶嵌着穆斯林经典——《古兰经》的经文。寝宫中央放置着泰姬和沙贾汗两人的大理石石棺，两座墓碑均用镶着精美宝石的大理石制成，刻有美丽花纹的屏风护卫于旁。

泰姬陵建筑集中了印度、中东、波斯的建筑艺术特点，整体布局完美、和谐，代表了印度伊斯兰建筑的最高水平，是建筑史上不可多得的杰作。

印度泰姬陵

科纳拉克太阳神庙

名片快递

中文名称	科纳拉克太阳神庙
英文名称	The Sun Temple, Konarak
入世时间	1984年
遗产类别	文化遗产
遴选标准	C（i）（iii）（vi）

世界遗产委员会评价：

科纳拉克太阳神庙濒临孟加拉湾，沐浴着冉冉升起的太阳。它表现太阳神苏利耶驾驶战车的形象。24个车轮饰有字符图案，七匹马拉着战车。这座神庙是印度13世纪最著名的婆罗门庙宇之一。

全景素描

科纳拉克太阳神庙位于奥里萨邦的科纳拉克小镇，濒临孟加拉湾，主要祀奉印度教太阳神苏利耶，是印度著名的历史悠久的大庙。关于这座神庙的来历，有一种说法认为，黑天神克里希纳的儿子萨姆巴患上了麻风病，在太阳神的治疗下才日渐好转，为了答谢太阳神的救命之恩，克里希纳特意建造了这座庙宇，取名科纳克尔，意思是"太阳之乡"。据史学家推测，科纳拉克太阳神庙约建于1250年前后，主要源于当时奥里萨邦地区战乱连绵，国王纳拉辛哈·德瓦修建此庙，是为了庆祝打败入侵者和感谢太阳神的护佑。

科纳拉克太阳神庙主要用红砂石与绿泥石建成。神庙外围是一道高高的厚墙，在同一条中轴线上排列着主殿、前殿和舞殿，而今只有前殿保存完好。

神庙的主殿被设想成太阳神苏利耶的金色马车。在台基的两侧雕有24个巨大车轮，每个轮子的直径约有2米，上面刻有精美的花纹，还有8根粗大的楔形辐条，这些巨轮通常被视为印度文化的象征。前殿正门两侧则雕有七匹腾跃的骏马，仿佛在拉着辉煌的神车奔驰于天界。

在主殿的三个侧面的壁龛内，还安置着三尊等身大的绿泥石圆雕太阳神立像，它们分别代表着清晨、正午、黄昏的太阳：正面对着庙门的是印度教中的创造神梵天（代表朝阳），在两侧的是保护神毗湿奴（代表正午的太阳）和破坏、再造神湿婆（代表夕阳）。每天清晨，从海上升起的第一束朝阳便映射在太阳神头上。太阳绕着庙宇旋转一周，始终照在这三尊神像的身上。

此外，在前殿角锥形屋顶的重檐之间，站立着成排的圆雕音乐天女，比真人还要大上一些。她们或击鼓，或吹笛，似乎在为太阳神的金色马车巡行诸天而奏乐。这些圆雕造型浑朴大气，堪称印度雕刻中的珍品。

桑吉佛教古迹

名片快递

中文名称	桑吉佛教古迹
英文名称	Buddhist Monuments at Sanchi
入世时间	1989年
遗产类别	文化遗产
遴选标准	C（i）（ii）（iii）（iv）（vi）

世界遗产委员会评价：

桑吉佛教建筑群距离博帕尔约40公里，坐落在小山上，俯瞰着平原。这些建筑包括巨石石柱、宫殿、庙宇和寺院。大部分建于公元前2至1世纪，都不同程度地保存下来。这个现存最古老的佛教圣地12世纪前一直是印度佛教的教理中心。

全景素描

桑吉佛教古迹，坐落在印度中央邦首府博帕尔城东北的桑吉村。桑吉是印度有名的佛塔之城，自古以来，佛教在这一带有相当的影响。据记载，公元前3世纪阿育王皈依佛门之后，在全国大力弘扬佛教，共建有大大小小8.4万座佛塔，其中在桑吉建有八座大佛塔，现尚存三座。从那时起，桑吉就是远近闻名的佛教中心了。悠久的佛教背景给今天的桑吉留下了许多佛教遗址，在不到100米高的小丘上，有自公元前3世纪到12世纪左右的50多座佛塔、僧院等佛教艺术遗迹，其中最著名的是桑吉大塔。

桑吉大塔呈半球形，直径约36.6米，高16.5米，原为埋藏佛骨而修建的王墩，后来又加以扩建而成。在不断地扩建过程中，吸收了波斯、大夏、希腊的建筑及雕刻艺术，在建筑风格上反映了不同时代的特点。整座大塔雄浑古朴，庄严秀丽。塔身至今保存了完好的古老佛教石刻，南、北、东、西四座牌坊无论设计风格、建筑规模，还是雕刻艺术，都是印度艺术史上的精品。桑吉大塔门上的高浮雕或圆雕基本上左右对称，主要题材包括法轮、三宝标等佛教象征符号，以及印度民间信仰的精灵药叉和药叉女等人物。

桑吉东门方柱与第三道横梁末端交角处的托架像《树神药叉女》，约作于公元1世纪初叶，是桑吉最美的女性雕像。其头部向右倾侧，胸部向左扭转，臂部又向右耸出，全身构成了富有节奏感、律动感的S形曲线。她的双臂攀着杧果树枝，纵身向外倾斜，宛若悬挂在整个建筑结构之外凌空飘荡，十分婀娜多姿。

由于当时的佛教雕刻禁忌表现佛陀本身的形象，桑吉大塔内的牌坊大都用象征的手法描绘佛祖降生、悟道、说法、涅槃的故事，如南门的莲花表示其出生，西门的菩提树表示其悟道，北门的法轮表示其讲道，东门的佛塔则表示其圆寂。印度称这种牌坊为"陀兰那"，这种艺术也就被誉为"陀兰那艺术"。

桑吉的佛塔现为印度最大的佛塔，其丰富的雕刻作品是古印度佛教之精粹，在佛教史上占据着非常重要的地位。

桑吉大塔

印度尼西亚 | Indonesia

异域剪影

  印度尼西亚国名源于希腊文，意为"水中岛国"，是世界上最大的群岛国家，13677个大小岛屿横跨印度洋和新几内亚，绵延5000多公里，其中至少3000个岛上有人居住，在人口密集的爪哇岛上，居民人数占全国总人口半数以上。印尼地形多山，森林浓密，常有火山喷发。虽然现代印尼是伊斯兰国家，但在历史上，世界主要宗教均对其有过影响，从建筑和文化上，可以看到佛教、印度教、伊斯兰教和基督教的影响。

  印度尼西亚自然和人文旅游资源丰富，众多的岛屿、美丽的海滩、种类繁多的热带植物、各种珍禽异兽吸引着世界各地的游客。

婆罗浮屠塔

名片快递

中文名称	婆罗浮屠塔
英文名称	Borobudur Temple Compunds
入世时间	1991年
遗产类别	文化遗产
遴选标准	C（i）（ii）（vi）

世界遗产委员会评价：

　　这座著名的佛教圣殿，建于公元8世纪至9世纪，位于爪哇岛中部。整个建筑分为三层。基座是五个同心方台，呈角锥体；中间是三个环形平台，呈圆锥体；顶端是佛塔。四周围墙和栏杆饰以浅浮雕，总面积2500平方米。围绕着环形平台有72座精雕细刻的印度塔，内有佛龛，每个佛龛供奉一尊佛像。该遗址在联合国的援助下于1970年得以重建。

全景素描

　　婆罗浮屠塔位于爪哇岛中部马吉冷婆罗浮屠村，约建于公元9世纪，距今已有1000多年。

　　"婆罗浮屠"，就是建在丘陵上的寺庙的意思。当年，为了建造婆罗浮屠塔，动用了几十万名石材切割工、搬运工以及木匠，费时50~70年才建成，是世界上最大的佛教遗址。

婆罗浮屠塔是实心的，它没有梁柱，没有门窗，完全用石头砌成。佛塔共有10层，基层呈四方形，每边长110米，从底层至塔顶最尖端，原高为42米，据说塔顶钟形大佛龛的尖端某年因触雷而毁掉，因而现在实有高度只有31.5米。

婆罗浮屠塔在建筑上是按照佛教"三界"之说，规划为塔基、四层回廊、三层圆台与主佛塔三部分，分别表示"色界""欲界""无欲界"。据说，下部四方形的台坪表示所谓"地界"，上部圆形台坪表示所谓"天界"。"地界"各层建有石壁佛龛432个，每一佛龛内置一佛像；"天界"各层建有72个钟形小塔，塔内也置有佛像。佛像按照东、南、西、北不同方向取有不同的名称，而且佛像的面部神情以及手臂、手掌、手指各部也都迥然不同，造型逼真，形象传神。

婆罗浮屠佛塔的塔基、回廊壁和石栏杆上，刻有各式各样的美丽浮雕，其中描述佛本生故事的有1460幅，装饰性浮雕1212幅。其所雕故事，形象地解说了人生由尘世走向极乐的历程，构成了一部"石块上的史诗"。

婆罗浮屠佛塔与中国长城、埃及金字塔等并列为当今世界的七大奇迹。

科莫多国家公园

名片快递

中文名称	科莫多国家公园
英文名称	Komodo National Park
入世时间	1991年
遗产类别	自然遗产
遴选标准	N（iii）（iv）

世界遗产委员会评价：

　　这些火山岛上生活着大约5700只巨大的蜥蜴。它们的外观和好斗的行为使之被称作"科莫多龙"。除此没有其他地方发现它们的生存踪迹，这就引起了科学家们研究进化论的极大兴趣。这里，干旱的热带大草原上高低不平的山坡，小块多刺的绿色植物，沙滩上闪耀的白色浪花，珊瑚上涌动的蓝色海水形成了鲜明的对照。

全景素描

　　科莫多公园位于印尼较大的松巴哇岛和福罗里斯岛之间，包括两个主要的大岛——科莫多岛和瑞因克岛以及附近无数的小岛，所有这些岛屿都是努沙登加拉群岛的一部分。科莫多国家公园四周环水、风景宜人，里面的岛屿普遍都是悬崖峭壁，凶险异常，并且仅有很小的海湾及港口。大量的珊瑚礁是公园景色的组成部分，和印尼其他地区不同的是，这里的珊瑚礁受海洋渔业的影响相对较小，它们组成了水下美丽的

科莫多国家公园的巨蜥

风景线。

科莫多岛是一个多山的岛屿，它的最高峰海拔 827 米，主要部分覆盖着成片的棕榈树林和广阔的草地。由于火山和地震活动，这里的生态系统与世界其他地方隔离开来。世界著名的珍稀动物"科莫多龙"就生活在这里，它们是地球上最大的蜥蜴。另外，这里还有地球上最原始的哺乳动物之一——眼镜猴，它的头能转动 180 度，平均体重才 100 克，据说小猴出生时只有 20 克重。

瑞因克岛主要由连绵起伏的山岭组成，其南部是海拔 667 米的都若山，北部都是低矮的山岭，但却极其险峻。

日本 | Japan

异域剪影

　　日本意即"日出之国"，是亚洲岛国，位于欧亚大陆东岸外海，国土由东北向西南延伸达 2200 公里，全境包括四个大岛——北海道、本州、九州和四国以及邻近的许多小岛。日本种族构成极为单一，绝大多数人为大和族。境内神道教（本土民间宗教）、佛教各宗及基督教并存。国内没有占绝对优势的宗教，各教互相影响。佛教分为 12 宗，几近 60 派，主要有净土宗、禅宗和天台宗等。基督徒占人口比例很小。

　　日本旅游资源丰富，悠久的历史、多样的景色、热情谦恭的礼节、精湛的传统手工艺、多彩多姿的民间节庆活动、堪称艺术的美味佳肴以及高超的现代科技都使游人津津乐道，流连忘返。

法隆寺

名片快递

中文名称	法隆寺
英文名称	Buddhist Monuments in the Horyu-ji Area
入世时间	1993年
遗产类别	文化遗产
遴选标准	C（i）（ii）（iv）（vi）

世界遗产委员会评价：

在奈良县的法隆寺地区，有48座佛教建筑，其中有一些建于公元7世纪末至8世纪初，是世界上现存最古老的木结构建筑。这些木结构建筑的重要性不仅仅在于其久远的历史，还在于它们标志着艺术史和宗教史发展的一个重要时期，即再现了中国佛教建筑与日本文化的融合，因为修建这些建筑的时期正是中国佛教经朝鲜半岛传入日本的时期。

全景素描

法隆寺位于古都奈良生驹郡，占地约19公顷，相传为推古天皇十五年（公元607年）由圣德太子创建。法隆寺由西院和东院组成。其中西院是法隆寺的主体，包括南大门、中门、金堂、五重塔、讲堂、经藏、钟楼以及圣灵院、百济观音堂等。

中门是法隆寺的正式入口，采取双层歇山式建筑形式，汇聚了日本飞鸟时代（公元7世纪）建筑艺术的精华。厚重的中门左右与走廊相连，廊内五重塔与金堂并立。

金堂建于飞鸟时代，是世界上现存最古老的木结构建筑，从中可以领略法隆寺千余年的悠久历史。堂内中央为金铜铸就的释迦三尊像及药师佛、阿弥陀佛像。释迦三尊像是飞鸟时代佛像的代表作，仿照中国北魏时期的造像方式，佛像面带微笑，雍容慈祥。旁边樟木雕造的四天王像，是日本最古老的天王像，体态丰满圆厚，颇具力感。金堂藻井上绘有飞天和凤凰，带有浓厚的西域色彩。墙壁四周是大量精美的壁画，既有模仿敦煌莫高窟的飞天像，也有当时日本佛教信仰主流的释迦、药师、阿弥陀、弥勒净土等像。可惜1949年被烧损，现在镶嵌于墙壁上的是复制品，残存孤品保存在收藏库内。

与金堂相对而立的是五重塔，建于公元7世纪，高约30.5米，二层塔基，建筑形式与金堂、中门相同。塔内一层四周是奈良时代塑像群，东面是维摩居士和文殊菩萨问答图，北面为释尊涅槃图，西面为分舍利图，南面塑有弥勒净土等场面，且背景都是须弥山。塑像虽有修补，然技法高超，精美绝伦，不愧为稀世珍品。

穿过东大门，就进入法隆寺东院。东院是在圣德太子的住所——斑鸠宫的旧址上改建的。其中心建筑是梦殿。据传，圣德太子曾做过一个梦，梦见一位天使出现在他面前，于是太子发愿建造了法隆寺，并将斑鸠宫旧址上的这座宫殿命名为"梦殿"。梦殿雄伟庄严，呈八角圆形，有二重基坛，是日本最古老的八角殿堂。殿内供奉着救世观音，制作精美，是法隆寺文化艺术宝库中的精品。

历史名城奈良

名片快递

中文名称	历史名城奈良
英文名称	Historic Monuments of Ancient Nara
入世时间	1998年
遗产类别	文化遗产
遴选标准	C（ii）（iii）（iv）（vi）

世界遗产委员会评价：

奈良在公元710年至784年是日本的首都，在那个时期，日本国家政府的结构确定了下来，并且奈良达到了其鼎盛时期，成了日本文化的发源地。古奈良的历史遗迹——佛教庙宇、神道教神殿以及挖掘出来的帝国宫殿遗迹——向世人展示了一幅公元8世纪日本首都的生动画面，深刻揭示了当时的政治和文化动荡与变迁。

全景素描

奈良是日本古都，早在公元3—5世纪，奈良就是日本"大和国"的中心；公元8世纪，日本几代天皇在此建都。日本人称奈良为"精神故乡"。这里保存有众多的古代建筑，除了法隆寺外，还包括著名的东大寺、药师寺、唐招提寺、春日大社等。

东大寺位于奈良市若草山下，是日本著名的佛教建筑。它建于

东大寺

公元743年，为日本佛教华严宗的总寺院。寺院依照中国寺院的建筑结构建造。主殿金堂（大佛殿）东西长57米，南北宽50米，高46米，是世界最大的木造建筑之一；金堂的屋宇分上下两层，覆盖着13万多片银黑色瓦，屋脊宇顶端采用金色鱼尾形的鸱尾饰；殿内供奉的大佛仅次于中国西藏扎布楞寺内的"未来佛"，为世界第二大铜佛。

唐招提寺由中国唐代高僧鉴真和尚亲手兴建，是日本佛教律宗的总寺院。寺院大门上红色横额"唐招提寺"是日本孝谦女皇仿王羲之、王献之的字体所书。寺内松林苍翠，庭院幽静，殿宇重重，有讲堂、戒坛、金堂、御影堂、鼓楼等建筑以及众多的佛像、法器和经卷。金堂是寺院的主殿，里面供奉着金色的主佛卢舍那佛像。金堂后面是讲堂，讲堂内有一尊涂漆加色的弥勒如来佛像，佛像两侧有两个外形似轿的小

日本奈良药师寺

亭，是当年鉴真师徒讲经之地。讲堂庭院里的藏经室，收藏有1200多年前鉴真从中国带去的经卷。

奈良近郊的药师寺，是公元680年天皇为祈祷皇后的疾病痊愈修建的，以建于公元698年的东塔而闻名。寺内的珍贵文物有东塔、东院堂、铜铸如来佛坐像、观音菩萨坐像等。东塔高37.9米，是仅存的奈良时代初期的古建筑。这座塔建造奇异，塔身三层，大屋顶下又分出小屋顶，大小屋顶形成和谐组合，看上去像是六层塔。

春日大社是一个著名的神社，是公元8世纪由执政的藤原家族作为新首都的守护神社而建的。根据神道教的习俗，直到19世纪中叶，每隔20年它就要重建一次。现存的建筑为1863年重建，仍保持着日本平安时期建筑的风格。该神社现以神舞的表演而闻名于世，珍宝馆内藏有在跳舞和宗教仪式上使用的面具和鼓。

奈良的这些佛教庙宇和神道建筑，表现了永恒的精神力量，并将对未来产生深远的影响。

土耳其 | Turkey

异域剪影

  土耳其古称"突厥",鞑靼语中是"勇敢"之意,"土耳其"即"勇士之国"。11世纪,突厥游牧部落"乌古思"侵入安纳托利亚阿拉伯人地区,接受伊斯兰教,成为今日土耳其人的祖先,后逐渐占领拜占庭帝国,建立奥斯曼帝国,盛极一时,其影响力一直持续到20世纪初叶。奥斯曼土耳其帝国曾横跨亚、欧、非三洲,但现今土耳其在欧洲仅有狭小的色雷斯,大部分国土在西亚安纳托利亚地区。

  土耳其在历史上曾是罗马帝国、拜占庭帝国和奥斯曼帝国的中心,拥有6500年悠久历史和众多风格迥异的文明遗迹,旅游资源极为丰富。

特洛伊考古遗址

名片快递

中文名称	特洛伊考古遗址
英文名称	Archaeological Site of Troy
入世时间	1998年
遗产类别	文化遗产
遴选标准	C（ii）（iii）（vi）

世界遗产委员会评价：

特洛伊考古遗址对于理解欧洲文明早期发展的关键时期具有重大意义。而且，由于它对荷马的《伊利亚特》创造性艺术两个多世纪的深刻影响，使特洛伊更具有了文化上的重要性。

全景素描

土耳其古城特洛伊，位于恰纳卡莱南部，北临达达尼尔海峡。特洛伊是公元前16世纪前后为古希腊人渡海所建，公元前13—前12世纪时，成为一个颇为繁荣的城市。这里是荷马的不朽史诗《伊利亚特》中描写的特洛伊战争的战场。

特洛伊城遗址的发掘，始于19世纪中期，延续到20世纪30年代。考古学家在深达30米的地层中发现了分属九个时期的特洛伊城遗迹，时间从公元前3000年至公元400年，包括罗马帝国时期的雅典娜神庙以及议事厅、市场和剧场的废墟，等等。这些建筑虽已倒塌败落，但从残存的

特洛伊考古遗址

墙垣、石柱来看，气势相当宏伟。在这里，还可以看到公元前3000—前2000年毁于地震的特洛伊城的残垣断壁，以及当时居民使用的简陋的生活用具。特别是在公元前1300—前900年这一时期的地层中，有一座被焚烧的城市遗址，它的石垣厚达5米，有烟熏火燎的痕迹。遗址内还有大量绘有几何图形的彩陶和其他生活用具，造型朴素。

距特洛伊城遗址不远，有一座博物馆，是土耳其目前唯一的收藏特洛伊文物的博物馆。博物馆规模不大，陈列的文物寥寥无几，这是因为曾发掘出的大量珍贵文物，已被西方文物盗窃者窃走，其中包括普里阿莫斯国王的宝库和海伦的项链。如今，人们要欣赏特洛伊最璀璨的文物，需要到柏林博物馆，那里有四个大厅陈列着特洛伊的宝物。

木马计

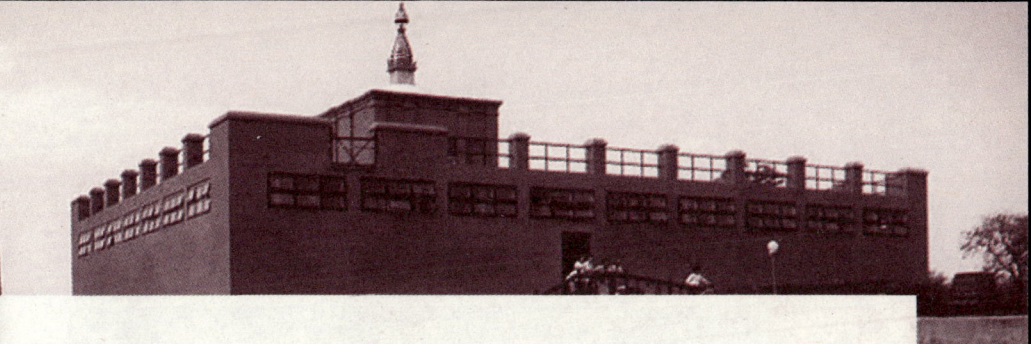

尼泊尔 | Nepal

异域剪影

尼泊尔王国位于喜马拉雅山脉中段南麓，国土 90% 是山脉，故有"高山王国"之称。尼泊尔大多数国民都在农村居住，城市人口主要集中在加德满都。具有印度-雅利安血统的尼泊尔人是其人口最多的民族。尼泊尔还是全世界唯一将印度教定为国教的国家，教徒约占人口总数的 86%。佛祖释迦牟尼就诞生于尼泊尔的兰毗尼，因而兰毗尼成为著名的佛教圣地。

佛祖诞生地兰毗尼

名片快递

中文名称	佛祖诞生地兰毗尼
英文名称	Lumbini,the Birthplace of the Lord Buddha
入世时间	1997年
遗产类别	文化遗产
遴选标准	C（iii）（vi）

世界遗产委员会评价：

释迦牟尼，又称佛祖，出生于公元前623年，生在兰毗尼一座著名的花园，后来此处变成了朝圣之地。印度的阿育王也是朝拜者之一，并在此地建了一个他的纪念碑。此地目前已发展成佛教朝拜中心。由于它是佛祖出生地，所以形成了遗迹考古中心。

全景素描

兰毗尼位于尼泊尔南部兰毗尼专区，是世界著名的佛教圣地。公元前623年，佛教创始人释迦牟尼就诞生在这里。

兰毗尼原为古代天臂国善觉王夫人兰毗尼的花园，在梵文里，兰毗尼是"可爱"的意思。今天的兰毗尼是个不大的村庄，绿树成荫，景色秀丽，有许多与释迦牟尼有关的历史遗迹。这里有一座白色方形建筑，是两层石砌的平台，在浓郁茂盛的树木衬托下，显

得十分庄严肃穆。这就是玛雅黛维女神庙，也称摩诃摩耶夫人庙。玛雅黛维是北天竺迦毗罗卫国（今尼泊尔境内兰毗尼附近）净饭王的妻子，相传她在回娘家的路上来到兰毗尼花园，在一株巨大的婆罗双树下休息的时候生下了悉达多·乔达摩，即后来闻名世界的佛教始祖释迦牟尼。后人在释迦牟尼出生地建造了这座别具一格的玛雅黛维女神庙，现庙内供奉着女神的石雕像，她右手攀着婆罗双树的枝干，新生的婴儿悉达多则端立在近旁的莲台座上。

佛祖的诞生地兰毗尼

在玛雅黛维女神庙的正北，是著名的阿育王石碑。碑呈圆柱形，是公元前249年印度孔雀王朝阿育王来此朝拜时所建，刻在碑上的文字确凿无疑地证明了兰毗尼是佛祖降生之地。阿育王石碑也因此成为兰毗尼最重要的历史文物。

佛祖年轻的时候，放弃优裕的王子生活，从兰毗尼出发，通过多年的修行和探索，最终创立了佛教。佛教的基本教义是"四谛"：第一是"苦谛"，说明人生所经历的生、老、病、死等一切皆苦；第二是"集谛"，说明一切苦的原因在于欲望，有欲望就有行动，有行动就会造业，造业就不免受轮回之苦；第三是"灭谛"，说明必须消灭一切欲望，达到不生不灭的"涅槃"境界，才能消灭苦因，断绝苦果；第四是"道谛"，说明要达到"涅槃"必须修道。如今，在全世界范围内，佛教已有两亿多信徒，是世界上最为流行的三大宗教之一。

柬埔寨 | Cambodia

异域剪影

  柬埔寨是中南半岛南部一个地窄人稀的国家，以传说中高棉王朝创始人柬埔的名字命名，境内以高原山地和平原为主。柬埔寨的高棉王朝历史久远，国势在公元9—14世纪吴哥王朝时期达到巅峰，创造了举世闻名的吴哥文明。吴哥文明的辉煌代表吴哥古迹，是柬埔寨的灵魂，与中国长城、埃及金字塔、印度尼西亚婆罗浮屠塔等并称为世界七大奇迹。

吴哥窟

名片快递

中文名称	吴哥窟
英文名称	Angkor
入世时间	1992年
遗产类别	文化遗产
遴选标准	C（i）（ii）（iii）（iv）

世界遗产委员会评价：

　　吴哥窟区是东南亚最重要的考古学遗址之一。它占地面积达400多平方公里，包括森林地区和吴哥窟遗址公园。遗址公园有从公元9世纪到15世纪高棉王国各个时期首都的辉煌遗迹，其中包括了著名的吴哥寺，以及坐落在吴哥索姆的以无数雕塑饰品而著称的白永寺庙。联合国教科文组织对这一遗址及其周边已经制定了一个广泛的保护计划。

全景素描

　　吴哥古迹坐落于柬埔寨暹粒省境内金边湖北面，南距暹粒市5公里多，共有大小建筑物600多座，散落在方圆45平方公里的丛林之中。其中有许多佛寺和宝塔，雄伟壮观，吴哥城和吴哥寺（吴哥窟）是最主要的部分。

　　吴哥城亦称大吴哥，是真腊王国的遗址。王城为正方形，城墙高7

吴哥窟

米，厚 3.8 米，每边长约3000米，城外有护城河和横跨护城河的大桥，城中庙宇、宝塔、皇宫鳞次栉比，庄严雄伟。城中央的主体是巴戎寺，是国王举行加冕仪式和接受百官朝贺的地方。巴戎寺由两座造型不同的建筑叠建而成，第三层台基上有一座高48米的大石塔，四周簇拥着48座小石塔，石塔四面皆雕有巨大的人面，代表佛教中的慈、悲、喜、舍四种无量心。

吴哥窟建于 12—13 世纪，全部用砂岩石重叠砌成，周长约5公里，四周由宽 190米的壕沟环绕，主体部分像一座方形的石城。寺内有三层台基，第二层台基四角各有一尖塔，第三层台基中央矗立一尖塔，高达42米，每层台基都有回廊环绕，最底一层回廊上的石刻浮雕，是现今世界上的艺术宝藏之一。回廊高约2米，长达800米，浮雕题材取自印度史诗《罗摩衍那》和《摩诃婆罗多》中的神话故事；也有一些反映当时高棉人战争场面和生活情景的。

吴哥古迹的大部分建筑已倒塌，但其规模之宏伟壮观，建筑艺术之璀璨夺目，依然令人惊叹。吴哥古迹与中国长城、埃及金字塔等，并称为当今世界的七大奇迹。

伊朗 | Iran

异域剪影

"伊朗"古波斯语意为"光明",地处亚洲西南部,是非洲东部到小亚细亚和欧洲必经陆路,素有"欧亚陆桥"和"东方空中走廊"的美称。伊朗在历史上建立了强大的波斯帝国,波斯波利斯是波斯帝国的乡村宫殿,曾经被亚历山大大帝征服后付之一炬,现已成为世界最著名的古城之一。如今的伊朗是一个多语言、多民族的伊斯兰教国家,和许多中东国家一样,以盛产石油著称。

波斯波利斯

名片快递

中文名称	波斯波利斯
英文名称	Perspolis
入世时间	1979年
遗产类别	文化遗产
遴选标准	C（i）（iii）（vi）

世界遗产委员会评价：

波斯波利斯是古代阿契美尼德帝国的行宫和灵都，兴建于大流士一世在位时的公元前518年。掌握众多附庸国的波斯帝国皇帝，受美索不达米亚诸都城的启发，将波斯波利斯建成一座拥有众多巨大宫殿群的城市。整个古城巧妙地利用地形，依山造势，将自然之地理形貌和人类之艺术精华完美地融汇在一起。波斯波利斯古城遗址已提供了许多关于古代波斯文明的珍贵资料，具有重要的考古价值。

全景素描

波斯波利斯是伊朗古城，意为"波斯国的都城"，位于伊朗西南扎格罗斯山区的盆地中。它始建于波斯帝国的大流士一世时期，是波斯帝国阿契美尼德王朝的第二大都城。

大流士先以帕尔萨的拉赫马特山侧对面的一块长530米、宽330米、高18米的台地作为基础，然后才开始台地上的建设工程。首先建起的是一对宏伟的楼梯，作登台地之用。然后是一个巨大的觐见厅，这个可以容纳几千人的公共集会场所就是著名的"阿帕达那厅"。

大流士及其后继者还在平台上建了一系列精美绝伦的城门、皇家宫院和厅室等。主要建筑有万国之门、百柱厅、觐见厅、玉座厅、大流士宫殿、薛西斯宫殿、宝库等。

大流士一世之后，阿契美尼德艺术转向巨型化。他的儿子薛西斯一世建造的"万国之门"高达18米，入口前有大平台和大台阶，石阶两侧墙面刻有23个民族朝贡队伍的浮雕像。觐见厅在遗迹中部西侧，呈正方形，边长约80多米，中央是大厅。大厅和门厅用72根石柱支撑，石柱呈覆钟形，柱高21米，其中的13根至今依然屹立。百柱厅在觐见厅东侧，高11.3米的立柱承托着宽广的雪松木平屋顶。在壁龛中，薛西斯一世把自己描绘成巨人，正在击杀一群同样硕大的怪兽。

如今的波斯波利斯，只剩下奇形怪状的一堆堆废墟，空荡荡的门框，以及石柱柱基，凝视着一望无际的平原。

波斯波利斯浮雕

波斯波利斯石柱

叙利亚 | Syria

异域剪影

　　叙利亚又称北方之国，位于亚洲西部、地中海东岸，东与伊拉克交界，西南与黎巴嫩和巴勒斯坦为邻，全境地形复杂，以平原和山地为主。叙利亚在历史上曾是著名的"丝绸之路"的中心，先后被罗马帝国、拜占庭帝国、阿拉伯帝国及奥斯曼帝国统治，国内完整保存着大量的文明古迹。

大马士革古城

名片快递

中文名称	大马士革古城
英文名称	Ancient City of Damascus
入世时间	1979年
遗产类别	文化遗产
遴选标准	C（i）（ii）（iii）（iv）（vi）

世界遗产委员会评价：

　　大马士革古城建于公元前3世纪，是中东地区最古老的城市之一。中世纪时期，大马士革是繁荣的手工业区（刀剑和饰带）。在它源于不同历史时期的125个纪念性建筑物中，以公元8世纪的大清真寺最为壮观。

全景素描

　　大马士革建于黎巴嫩山脉和叙利亚沙漠之间的地带，是历史上著名的宗教、政治、贸易中心，现为叙利亚国家首府。在大马士革众多的古建筑中，记载古城不同时期发展历程的大清真寺是朝圣者的首选；它也是伊斯兰教最神圣的地方。在阿拉伯的古书中，有这样一段话："人间若有天堂，大马士革必在其中；天堂若在天空，大马士革必与它齐名。"

　　关于大马士革的最早记载要上溯到公元前15世纪。公元前10世纪，大马士革成为亚美尼亚王国的都城。后来经过包括巴比伦人、埃及人、赫梯人、亚述人和波斯人在内的多次外敌入侵后，大马士革被亚历山大大帝征服。公元前64年，罗马人占领了大马士革，希腊化的大马士革变成罗马叙利亚省的一部分，并日趋繁荣。公元636年，拜占庭帝国军队失败后，与西方联系长达十个世纪之久的大马士革被占领。后来，在倭马亚王朝的哈里发统治时期（公元650—750年），大马士革成为这个庞大帝国的都城，进入了黄金时代。公元705—715年期间，一座大清真寺在罗马神庙的旧址上拔地而起。阿尤布王朝建立后，萨拉丁正是在大马士革集结了他所有的军队，从十字军手中夺回了耶路撒冷。大马士革重新作为一个伟大帝国的首都而大放光彩。1516年，大马士革和叙利亚一起被奥斯曼土耳其人攻占。随后，奥斯曼土耳其帝国统治大马士革达400年之久。法国殖民主义者也在这里统治过30多年。

连绵不断的帝国战争，不计其数的天灾人祸，使大马士革的许多珍贵的历史文物遭到破坏。但是，今天漫步在大马士革城内，仍然会看到一座"古迹之城"。全市有250座清真寺，建于公元705年的倭马亚清真寺，是伊斯兰最著名的清真寺，也是世界上最古老和最富丽堂皇的清真寺之一；清真寺附近的罗马神话主神朱庇特神庙遗迹和阿拉伯民族英雄萨拉丁的陵墓也是久负盛名的古迹。大马士革城堡富有珍贵的历史文化价值，建于公元11世纪，占地3.2万平方米，全部采用巨石砌成。

悠久的历史和丰富的文物，使大马士革至今享有"阿拉伯世界古文物荟萃地"的声誉。

老挝 | Laos

异域剪影

　　老挝是位于中南半岛北部的内陆国家。它北邻中国，南接柬埔寨、东界越南、西北达缅甸、西南毗连泰国。境内80%为山地和高原，且多被森林覆盖，有"印度支那屋脊"之称，发源于中国的湄公河是其境内最大的河流。

　　1353年建立的澜桑王国为老挝历史的鼎盛时期。那时的都城琅勃拉邦市已被列入《世界文化遗产名录》。老挝的著名景点还有万象塔銮、玉佛寺、瓦普神庙、占巴塞孔埠瀑布、琅勃拉邦光西瀑布等。老挝人常把自己祖先居住的地方称为"黄金大地"。据说这块土地富含黄金，人们赌博、斗鸡都用金条来做赌注，故称黄金大地。这个观点有一定的可信度，因为老挝古都琅勃拉邦的旧名取为香通，就是"金城"的意思。

琅勃拉邦

名片快递

中文名称	琅勃拉邦
英文名称	Town of Luang Prabang
入世时间	1995年
遗产类别	文化遗产
遴选标准	C（ii）（iv）（v）

世界遗产委员会评价：

琅勃拉邦与众不同之处在于其城镇中传统的老挝建筑容纳于19到20世纪欧洲殖民者留下的欧洲城市结构中。琅勃拉邦彻底保留其独特的城镇风貌，是两种截然不同的文化传统间相互融合的突出体现。

全景素描

老挝古都琅勃拉邦是一个古色古香的小山城，位于湄公河畔群山环抱的谷地，距离首都万象大约有500多千米，是老挝现存最古老的城镇之一。1353年，澜桑国国王范甘统一了老挝，把老挝历史上第一个统一政权的首都设在琅勃拉邦。1694年，澜桑国分裂成三个小国，琅勃拉邦是其中一个小国的首都。1893年以后，老挝逐步沦为法国的保护国，琅勃拉邦还是老挝国王王宫的所在地。

琅勃拉邦城不大，居民笃信佛教，是名副其实的佛都。佛教的兴盛使琅勃拉邦建造有众多古寺。有的寺院古榕蔽天，有的寺院花木繁茂，有

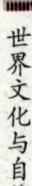

的寺院大佛塔耸立。寺庙装饰的主色有的以红为主，华贵雍容；有的以金色为主，灿烂辉煌；有的以黑色为主，庄严肃穆。其中被列为东南亚名寺的就有玄通寺和维崇寺等。

玄通寺是琅勃拉邦最宏伟的一座寺院。主庙正面的墙和梁柱，黑底金饰，精致美观；背后的墙面是整幅《生命之树》的彩石镶嵌画。寺院内有一座王家灵车庙，庙内有高12米，用金色龙头装饰的灵车和王室的骨灰金瓶。寺院内还有精美的小庙和多座佛塔。

老挝国家博物馆 老挝国家博物馆位于琅勃拉邦古城中心，1976年3月13日由老挝政府组织成立，是老挝国内十个博物馆中最大的一个。它的前身是"老挝前皇宫博物馆"。

建于1513年的维崇寺是琅勃拉邦最古老的寺院，著名的普拉邦佛像曾经两度存放在这座古寺。寺院中有一座高34米的大莲花佛塔。这座佛塔于1903年由当时的王后下令兴建。佛塔内原来藏有的水晶佛和金佛像，现已转存于王宫博物馆。

琅勃拉邦市内还有众多的佛塔，比较大的就有50多座，琅勃拉邦的佛塔不仅多，还具有其独特的风姿，如普西山顶上的宗西塔，塔身呈四角形，塔顶有如含苞待放的莲花，而市中心的维崇塔，形状如同西瓜。

琅勃拉邦还有一个值得去的地方——老挝的前皇宫，现在已经成为老挝国家博物馆。这幢建筑物的历史并不悠久，是于1904年建造成的，但是它蕴藏着特殊的艺术风格。在这里还可以看到澜桑王国的遗迹和许多国家级的文物。整个皇宫金碧辉煌，光艳夺目，殿内装饰古雅华贵。这里是老挝最后一代国王西萨旺凡达纳的行宫，王室成员今已不知

普西山上的宠西佛塔 琅勃拉邦当地人常说："不游普西山，没到琅勃拉邦。"在普西山山顶上，有一座宠西佛塔，该塔是由阿努鲁塔王于1804年建造的，又于1914年修复。塔身贴满金箔，塔顶安了电灯，夜间供全市仰望观瞻。

何处去，宫中可见昔日的大殿、议事厅、书房、收藏室、起居室等。末代国王于20世纪50年代曾经到过中国，他的礼品陈列室中至今还摆放着许多来自世界各地，包括中国的精美工艺美术品和纪念品。在前皇宫内，有一尊小佛像，代表了老挝佛教最重要的圣物。据悉，城镇的得名就来自这个小佛像，Luang是首都的意思，Pra是神圣的意思。这样，Luang Prabang（琅勃拉邦）正好可以翻译成为"圣邦首都"。这尊佛像高达83厘米，重约50千克，佛像的80%都由金子制成。据说，它是基督纪年的第一个世纪里制造于锡兰的（印度以南的一个岛国，现已经更名为斯里兰卡）。11世纪，佛像一直保存在柬埔寨的古都吴哥，直到老挝国王法恩古姆娶了高棉国的公主之后，这尊佛像才随之被带到了琅勃拉邦。

　　经联合国专家组考察，琅勃拉邦全市有679座有保存价值的古老建筑物。1995年12月，琅勃拉邦被联合国教科文组织列入了《世界历史遗产名录》。

欧洲
EUROPE

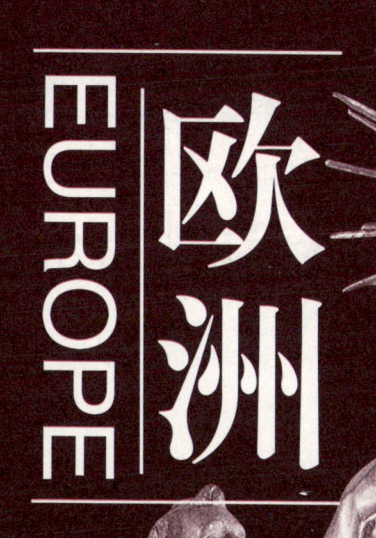

意大利 | Italy

异域剪影

　　意大利位于欧洲南部，包括亚平宁半岛及西西里、撒丁等岛屿，阿尔卑斯山是其北部天然屏障，东、南、西面皆为地中海环绕。意大利历史辉煌，罗马共和国、罗马帝国、罗马教皇及文艺复兴等名词，都代表无限荣耀。中世纪后期，城市国家的繁荣似乎预示着意大利复兴，但是新航路的开辟使其主导的地中海贸易退居次要地位，意大利陷入长期衰落，直到1870年才统一。意大利首都罗马是古罗马帝国发祥地；佛罗伦萨是文艺复兴发源地，也是意大利著名的手工艺品和工艺美术品生产中心；威尼斯是举世闻名的水上城市；那不勒斯的维苏威火山和庞贝古城享誉世界；米兰是世界时装中心，传统与现代在此地得到完美结合。

罗马历史中心（和梵蒂冈共享）

名片快递

中文名称	罗马历史中心
英文名称	Historic Centre of Rome
入世时间	1980年，1990年
遗产类别	文化遗产
遴选标准	C（i）（ii）（iii）（iv）

世界遗产委员会评价：

从传说的公元前753年建成之日起，罗马就同人类的历史紧密相连。它曾是统治地中海世界五个世纪之久的帝国的首都，后来又成为基督教世界的中心，今天仍然履行着这些重要的宗教和政治功能。

全景素描

罗马城位于台伯河畔，该河注入第勒尼安海，在入海口27公里处的河畔，有七个风景秀丽的火山丘。公元前753年，人们在此建起了"七丘城"，即今日的罗马。罗马人称自己的城池为"永恒的城"。

罗马城是古罗马帝国的发源地与首都，帝国鼎盛时期（公元1—2世纪）涌现出一大批宏伟的建筑，大量整体结构与残垣断壁保存至今，使人们仍能依稀追忆其昔日的风采。

罗马帝国的遗迹，大多集中在宽广的帝国大道两侧。巍然耸立于此的名胜古迹有帝国的元老宫、万神殿、贞女祠以及恺撒庙等帝王宗庙。在特拉亚诺市场一旁的凯旋柱上，有描绘特拉亚诺大帝远征多瑙河流域的浮雕。在圆柱广场的凯旋柱上，有描绘安东尼大帝远征不列颠的浮雕。在威尼斯广场，有艾马努埃莱二世（统一意大利的开国国王）的骑马镀金大铜像。在佳尼科洛岭上，有意大利英雄加里波第的骑马铜像。

举世闻名的古罗马斗兽场也在这一带。它是古罗马帝国的象征，也是迄今留存的古罗马建筑中最卓越的代表，始建于公元72年，历时8年完成。竞技场为巨石砌就的椭圆形建筑，占地2万平方米，围墙高57米，周长527米，气势恢宏壮阔。建筑物的正中是竞技和斗兽场地，亦呈椭圆形，长约86米，最宽处为63米。看台下面建有80多个地窖，是囚禁角斗士和猛兽的地方。据传，竞技场开幕时，各种"表演"持续达百日之久，共有3000多个奴隶和5000多只狮虎猛兽参加角斗，场面血腥至极。

距斗兽场不远的是著名的古罗马卡拉卡拉公共浴场，浴场用大理石砌成，内有壁画、雕像、健身房与游戏厅，洗浴分冷水、热水和蒸气三种，当年可容纳1600人。如今，浴场虽已是残垣断壁，但从其残存的轮廓中，仍可依稀辨认出当年之宏伟气魄。

在罗马，辉煌的文艺复兴时代也留下了许多别具风格的建筑和艺术品，例如，雄伟庄严的司法宫、绚丽多姿的纳沃纳广场、气势恢宏的圣保罗大教堂和被称为艺术之宫的圣彼得大教堂等；此外，城里还遍布着数十个博物馆和画廊。罗马因此被人们誉为"露天历史博物馆"和"文艺复兴时代的艺术宝库"。

威尼斯及其潟湖

名片快递

中文名称	威尼斯及其潟湖
英文名称	Venice and its Lagoon
入世时间	1987年
遗产类别	文化遗产
遴选标准	C(i)(ii)(iii)(iv)(v)(vi)

世界遗产委员会评价：

始建于公元5世纪、由118个小岛构成的威尼斯，公元10世纪成为当时最主要的航运枢纽。总体上来说，它就是一幅非凡的建筑杰作。

全景素描

威尼斯建于公元451年，位于意大利东北部，是亚得里亚海西北岸的重要港口。市区建于离陆地4公里的潟湖中，保留着中世纪的曲折街巷、开阔的圣马可广场和城市内运河系统。全城由118个岛屿、177条大小河道相互贯通，上借铁路、公路桥与陆地相连，市内用400多座桥梁串联衔接，被人们誉为"水上城市"。

威尼斯的"中心大道"，是一条长约4公里的大运河，成反写的"S"形贯穿于市中心。其他的河道如同一张蜘蛛网覆盖着整个威尼斯。"威尼斯"一词，意为"最宁静的地方"，这里没有汽车的喧嚣，人们只能以步代车或以舟代车，每天数以万计的各类船只在河道中穿梭往来，其中夹杂着很多"贡多拉"——一种在威尼斯已跑了1300多年，两头翘起的新月形小船。威尼斯的各种桥梁颇具特色。其中，1592年建造的独孔拱桥李亚度桥，全部用大理石建成，雕刻精细，造型优美，桥上两侧开设的古老的小店铺，别具一格。

威尼斯也是一个文化艺术之都，有着独一无二的魅力。文艺复兴时期，这里曾涌现出了众多的雕塑家、剧作家、画家和科学家。14、15世纪的哥特式尖顶建筑、巴洛克式教堂，文艺复兴时期的宫殿和贵族院落，鳞次栉比，令人目不暇接。威尼斯这颗亚得里亚海上的明珠，确是世界上最有魅力的城市之一。

由于过度地抽取地下水，威尼斯曾一度面临沉入海底的危险，意大利政府已采取了很多措施，地面下沉基本被控制。如今，这里每年都要召开很多国际学术研讨会，著名的威尼斯国际电影节也在这里举行。

比萨中央教堂广场

名片快递

中文名称	比萨中央教堂广场
英文名称	Piazza del Duomo, Pisa
入世时间	1987年
遗产类别	文化遗产
遴选标准	C（i）（ii）（iv）（vi）

世界遗产委员会评价：

在一片宽阔的草坪上，坐落着闻名于世的比萨中央教堂广场，这里纪念碑、纪念堂成群，其中有四件中世纪时的建筑杰作，那就是大教堂、洗礼室、钟楼（即斜塔）和墓地。这些建筑对意大利11世纪到14世纪间的纪念艺术产生了极大影响。

全景素描

比萨中央教堂广场位于意大利中部阿诺河口岸的比萨古城内，广场上耸立着一组著名的古罗马建筑。而其中有一座钟楼，便是举世无双的比萨斜塔。

比萨斜塔由意大利人波拿诺·比萨诺设计，于1174年8月9日动工兴建，1350年整体工程才全部竣工。塔体为圆柱形，全部用白色大理石砌成，塔高54.5米，共分8层。塔体总重量达1.42万吨。整个建筑造型古朴而灵巧，为罗马式建筑艺术之典范。大钟置于斜塔顶层，塔内有螺旋式阶梯294级，游人由此登上塔顶或右层环廊，可尽览比萨城区的风光。

据测定，从1829年到1910年间，斜塔平均每年倾斜3.8毫米。近一个世纪以来，塔已向南倾斜了大约30厘米，塔身超过垂直平面5.1米。从塔下向上望去，斜塔已岌岌可危，塔上的游人好像随时有可能掉下来。曾有人估计，比萨斜塔约在1965年会倒塌，结果并未倒塌。1972年10月，意大利

比萨斜塔

发生的一次大地震更使斜塔受到了强大的冲击，整个塔身大幅度摇晃达22分钟之久，极其危险。幸运的是，该塔仍然屹立不倒。

　　传说在1590年，意大利伟大的科学家伽利略，曾在斜塔上做过著名的自由落体运动实验，从而一举推翻了古希腊著名学者亚里士多德关于"物体落下的速度和重量成正比"的权威说法，建立了科学的"落体定律"和"惯性定律"。虽然许多学者对这一传说不予置信，但比萨斜塔却因此更加名声大噪，世界各地游客纷至沓来，争相一睹斜塔的风采。

庞贝古城

名片快递

中文名称	庞贝、埃尔科拉诺、托雷安农济亚塔考古地区
英文名称	The Archaeological Areas of Pompei, Ercolano, and Torre Annunziata
入世时间	1997年
遗产类别	文化遗产
遴选标准	C（iii）（iv）（v）

世界遗产委员会评价：

　　公元79年8月24日维苏威火山的爆发，吞没了两个繁盛的罗马城市：庞贝和赫库兰尼姆以及那个地区的许多富家别墅。从18世纪中叶始，掩埋在地下的一切逐渐被挖掘出来并向公众开放。庞贝广阔的商业区，与保存完好的赫库兰尼姆假日胜地，以及在托雷安农齐亚塔的奥普隆蒂斯别墅的壮丽的壁画，呈现给我们一幅生动的早期罗马帝国富有、繁荣的生活方式画面。

全景素描

18世纪初，意大利农民在维苏威火山西南8公里处修筑水渠时，从地下挖出了一些古罗马的钱币和一些经过雕琢的大理石碎块。1748年，人们又在附近挖出一块石块，石块上面刻有"庞贝"的字样，引起了人们的注意，于是很多人开始寻找这座古城的线索。经过200多年的陆续发掘，直到1960年，昔日的庞贝城才得以重见天日。

庞贝城遗址约有1平方公里，四周绕有石砌城墙，设有七个城门。城市纵横各有两条笔直的大街，使全城呈井字型分为九个地区，每个地区又有小的街巷。大街上铺着10米宽的石板，两旁还设有人行道，街巷的路面都是用石块铺成的，每个十字路口都设有水池。水池全是石制的，上面饰有精美的雕像，里面储存着清澈的泉水。

城内最宏伟的建筑物，都集中在西南部一个长方形广场的四周。这

庞贝古城

里就是当年庞贝城的政治、经济和宗教中心。广场的东南，是庞贝城官府的所在地，有权有势的人都在这里办公、议事。它的另一面是法院，这是一座两层楼的长方形建筑物，也是商人们订立贸易合同的场所。当地生产的葡萄酒、呢绒和玻璃制品，以及东方的香料宝石、中国的丝绸、非洲的象牙，都是在这所建筑物里洽谈成交的。

在庞贝城的东南角，有两座规模宏大的公共建筑物——竞技场和大剧场。竞技场是在公元70年，也就是庞贝城被埋前9年建造的，约可容纳两万人，也就是可以容纳当时庞贝城的所有居民。庞贝城内有许多富豪的住宅。这些建筑的大门，往往有粗大的大理石圆柱和雕花的门楼。走廊和庭院里到处摆着天神和野兽的塑像。正厅、餐厅和卧室宽敞明亮、富丽堂皇，四周陈设着珍贵精美的白银和青铜制品。

古城庞贝之谜的揭开，使人们完整地了解了公元前1世纪罗马帝国城市的真实情况，具有很高的考古价值。

法国 | France

异域剪影

"法兰西"由法兰克部落名演变而来。"法兰克"日耳曼语意为"勇敢的、自由的"。法国位于欧洲西部,西隔英吉利海峡与英国相望,东临地中海,是仅次于俄罗斯的欧洲第二大国家。法国国土略呈六边形,从东到西、由南至北大约都是950公里。工业革命时代,法国是文明的同义词,不仅是欧洲主要的政治力量,而且引领文学、艺术、社会礼仪及生活潮流。

法国以灿烂的文化和独特的风情吸引着各地游客,法国式的悠然高雅与浪漫令人印象深刻。首都巴黎有"世界花都"之称,同时又是世界艺术之都,最前卫的时装设计师、艺术家和作家皆荟萃于此。

凡尔赛宫

名片快递

中文名称	凡尔赛宫及其园林
英文名称	Palace and Park of Versailles
入世时间	1979年
遗产类别	文化遗产
遴选标准	C（i）（ii）（iv）

世界遗产委员会评价：

　　凡尔赛宫，法国国王路易十四世到路易十六世的王宫，经过数代建筑师、雕刻家、装饰家、园林建筑师的不断改进、润色，一个多世纪以来，一直是欧洲王室官邸的第一典范。

全景素描

　　凡尔赛宫是世界闻名的法国王宫。它坐落在巴黎西部南郊的凡尔赛镇。1624年，法王路易十三在此修建城堡，路易十四当政时开始建宫。1661年动工，1689年落成。建筑面积11万平方米，园林面积100万平方米。

　　凡尔赛宫建筑以东西为轴，南北对称，共有500个大厅与房间。整个建筑大体呈凸字形，共有三层，中间的宫殿主体长达707米，向花园部分突出，两翼是宫室和政府办公处、剧院、教堂等，成一字形摆开。宫殿外观雄伟壮丽，室内都用大理石镶砌，玉阶巨柱，以雕刻、挂毯及巨幅油画进行装饰。在众多的厅室中，最具特色的是镜厅。镜厅是沟通国王住室与王后住室的通道，也是国王每天到楼下教堂祈祷的必经之地，它用巨大的镜子装饰四壁，将室内富丽堂皇的陈设反射出去，更显出无与伦比的雍容华贵。

凡尔赛宫

凡尔赛宫的花园也呈几何图形。花园中精心设计的雕像、喷泉、树木、草坪分布在中央大道的正中或两旁，层次分明，布局合理。特别是宽阔的中央大道上的一个个喷泉，里面有精雕细刻的人与兽，嘴里喷出一柱柱水流，从宫殿方向望去，与周围的树木、人像雕塑形成一个和谐、美妙的画面。靠近宫殿的大水池旁那些青铜雕像是古代的神像，其表情、神态栩栩如生。

法国大革命后，国王路易十六被送上断头台，王室也被赶出凡尔赛宫。从此，盛极一时的王宫开始没落。凡尔赛宫还曾几度遭劫，内部陈设也遭破坏。20世纪以来，这里曾进行大规模整修，耗资达2.5亿美元。今天，凡尔赛已经成为一个小城市，旅游业十分发达，与首都巴黎有高速公路、铁路及公共汽车相通，交通十分便利。由于这一地区林木多，工业污染少，环境优雅，许多巴黎的有钱人在这里建有别墅。每年夏季，这里都举行艺术节，以吸引更多的游人。

凡尔赛宫被公认为西方古典主义建筑的代表，在法国及世界各国人民的心中占有重要地位。

奥朗日古罗马剧院和凯旋门

名片快递

中文名称	奥朗日古罗马剧院和凯旋门
英文名称	Roman Theatre and the Triumphal Arch of Orange
入世时间	1981年
遗产类别	文化遗产
遴选标准	C（iii）（iv）

世界遗产委员会评价：

 环面103米长的奥朗日古剧场坐落在罗纳河谷，是所有宏伟的古罗马剧场中保存最完好的建筑之一。古罗马皇帝奥古斯都统治时期建造的众多凯旋门中，公元10到25年间建造的半圆形拱门是最精美和最引人入胜的建筑之一。上面装饰的浅浮雕纪念罗马帝国统治下的和平与繁荣。

全景素描

 法国蓝色海岸大区沃克吕兹省的奥朗日市，曾经是古罗马帝国的一座重镇。公元前105年，罗马人正是在这里被辛勃罗人和条顿人击败。但在"罗马和平"时期，奥朗日曾经盛极一时，据说人口达到了10万之多。古罗马人在这里建有剧院、露天剧场、马戏场和体育馆，还有寺庙、温泉浴池和一座宏伟的凯旋门。奥朗日遗留下的这些古罗马帝国的遗迹，依稀能见到当时帝国繁荣富强的场景。

 奥朗日古剧场坐落在罗纳河谷，是保存最完好的罗马式剧场之一。这个剧场建于古罗马皇帝奥古斯都时代。剧院呈半圆形，看台依山势而建，远处看去，仿佛是半截碗，阶梯状的观众席一级级地向碗底收缩，这个看台可以容纳8000人。剧场舞台的正面是一道长103米、高38米的高墙。中央辟有剧院正门，墙内侧即是剧院的背景部分，基本保存完好，只是天柱上的装饰和雕像等已荡然无存。后来，人们还在中央大壁龛内安放了高达3.55米的奥古斯都皇帝塑像。这座剧场的音响效果极佳，时至今日，这里依然是歌剧和音乐会经常上演的场所。

奥古斯都时代还建造了许多凯旋门。其中，建于公元10到25年间的奥朗日凯旋门是最壮观的凯旋门之一。这座罗马时代的凯旋门呈半圆形，其上装饰着浅浮雕，描述抵御外来侵略的斗争和"罗马和平"的确立。奥朗日凯旋门记载着罗马帝国统治下的和平与繁荣，同时，它也象征着曾经在这里进行的无数次陆海战争。凯旋门的装饰及其军事战利纪念品都被完好无损地保存了下来，从中可以看到对几次战役的详细记载。

奥朗日古剧场及凯旋门因其保存完整、气势恢宏而成为独一无二的古罗马建筑物。

巴黎塞纳河畔

名片快递

中文名称	巴黎塞纳河畔
英文名称	Banks of the Seine in Paris
入世时间	1991年
遗产类别	文化遗产
遴选标准	C（i）（ii）（iv）

世界遗产委员会评价：

从卢浮宫到埃菲尔铁塔或是从协和广场到大小凡尔赛宫，巴黎的历史变迁被看作源于塞纳河。当豪斯曼的宽阔广场和林荫道影响着19世纪末和20世纪全世界城市主义的时候，巴黎圣母院和圣徒教堂成了建筑上的杰作。

全景素描

塞纳河是流经法国北部的一条河流，水流曲折向西伸展，穿过巴黎盆地，在勒阿弗尔附近注入英吉利海峡，全长776公里，流域面积为7.8万平方公里。塞纳河自东向西缓缓流过巴黎城区，形成一个弧形，长度约13公里，将巴黎分为南北两部分。塞纳河两岸的发展速度基本相同，这种现象在大城市中极为罕见。

巴黎的主要建筑大都集中在塞纳河沿岸，如：巴黎圣母院、爱丽舍宫、凯旋门和埃菲尔铁塔、卢浮宫、巴黎画院、巴黎歌剧院、国立现代艺术博物院等。因此，塞纳河堪称巴黎的生命线。

卢浮宫始建于12世纪末，当时是主要用于防御，后来经过一系列的扩建和修缮，逐渐成为一座金碧辉煌的王宫。16世纪时，弗朗索瓦一世开始大规模地收藏各种艺术品，以后各代皇帝延续了这个传统，充实了卢浮宫的收藏。1981年，法国政府对这座精美的建筑进行了大规模的整修。目前，卢浮宫已成为世界三大博物馆之一，其艺术藏品种类之丰富、档次之高堪称世界一流。其中最重要的镇宫三宝是世人皆知的：米洛的《维纳斯》、达·芬奇的《蒙娜丽莎》，以及《萨莫特拉斯的胜利女神》。其他著名作品还有：《狄安娜出浴图》《拿破仑一世加冕礼》《自由之神引导人民》等。另外值得一提的是，卢浮宫正门入口处有一个透明金字塔建筑，它的设计者是著名的美籍华人建筑师贝聿铭。

巴黎圣母院是欧洲建筑史上一个划时代的标志，始建于1163年，历时150多年，直到1320年才建成。到了19世纪，又在上面加建了一个尖塔。在它之前，教堂建筑大多是沉重的拱顶、粗矮的柱子、厚实的墙壁、阴暗的空间。巴黎圣母院冲破了旧的束缚，创造出一种全新的轻巧的骨架券，这种结构使拱顶变轻了，空间升高了，光线充足了，而且屋顶、塔楼、扶臂等都有尖顶装饰，显得高贵典雅。这种独特的哥特式建筑风格很快在欧洲传播开来。

埃菲尔铁塔是巴黎市的标志，也是法国的象征。1880年，法国刚刚摆脱在普法战争中失败的耻辱，为了显示国力，法国政府决定在1889年法国大革命100周年之际举行世界博览会。为此，计划在塞纳河畔的战神广场上修筑一座300多米高的铁塔。应征的图案达700多件，最后埃菲尔的图案被选中。1889年3月20日，铁塔落成。这座铁塔造型气势宏伟，熔东西方艺术于一炉，吸取了不同时期各种建筑的特点。塔高约320米，从地面到塔顶有1700多级阶梯，是世界上最高的建筑之一。全塔共分四层，每层都有平台。游客们可以拾级而上，也可以乘坐电梯登上铁塔。举目四望，巴黎秀丽动人的风光尽收眼底。为了永久地纪念铁塔的设计者，人们将其命名为埃菲尔铁塔。

圣彼得堡历史中心及其古迹群

名片快递

中文名称	圣彼得堡历史中心及其古迹群
英文名称	Historic Centre of Saint Petersburg and Related Groups of Monuments
入世时间	1990年
遗产类别	文化遗产
遴选标准	C（i）（ii）（iv）（vi）

世界遗产委员会评价：

被称为"北方威尼斯"的圣彼得堡，以其无数的河道和400多座桥梁而闻名于世，这是在彼得大帝统治下，于1703年开始实施的宏大城市规划的一个重要成果。此地后改名为列宁格勒（位于苏联），而且与十月革命密切相关。它的建筑遗产与巴洛克式建筑风格和纯古典式建筑风格极其和谐，如同我们在海军部、冬宫、大理石宫以及艾尔米塔什博物馆所见到的那样。

全景素描

圣彼得堡位于波罗的海芬兰湾的尽头，涅瓦河三角洲的岛屿群中，四周沼泽密布，芦苇丛生。1703年以前，这里仅有几个隐匿在密林中的小渔村。1703年，俄国的彼得大帝攻陷瑞典诺特堡要塞以后，为了打开俄罗斯通向西方的海上大门，下决心在此地修建要塞，于是召请了一批国内外的优秀建筑师和能工巧匠，在这里大兴土木，修建了坚固的要塞和美丽的城市。1705年又修建了海军部。1709年的波尔塔瓦大捷宣告瑞典在波罗的海霸权的终结，标志着圣彼得堡的历史发生了转折。从那时到1918年，这座建在沼泽地上的城市一直作为俄国的首都。

彼得大帝的统治，以海外扩张和开放同欧洲的关系而著称于世。当时的圣彼得堡是世界主要港口之一。18—19世纪，沙皇的纪念建筑一直在规划之中。同一时期，无数外国风格的建筑使圣彼得堡（1924—1991年称为列宁格勒）的城市风貌大为改善。如今的圣彼得堡市河道纵横，400多座桥梁把100多个小岛连为一体，有"北方威尼斯"之称。这里18世纪前期的建筑群主要有：彼得保罗要塞和彼得保罗大教堂、彼得大帝夏花园和夏宫、首任市长的官邸——孟什可夫宫、伏罗佐夫大臣宫等。它们带有俄国早期巴洛克式建筑的古朴、庄重、雄伟的风格。18世纪后期的建筑群有：斯莫尔尼宫、冬宫、大理石宫、塔弗列奇宫等。19世纪的建筑群有：喀山大教堂、伊萨克基辅大教堂等。

冬宫是圣彼得堡最独特、最豪华、也最具代表性的建筑，原是沙皇的宫殿，建于1754—1762年，占地9公顷。现存建筑为1837年大火后重建。冬宫宫殿长200米，宽160米，高22米，共有1050个房间。四周圆柱林立，房顶上矗立着100多尊雕像和大花瓶。大殿小厅个个金碧辉煌，富丽堂皇。其中孔雀石大厅的每根圆柱都是用孔雀石做成，共耗用2吨多孔雀石。图案镶木地板用了紫檀、红木、乌木等九种贵重木材。大小金銮殿里的油画、壁画、银制吊灯和御座，更是豪华无比。1917年，涅瓦河上的阿芙乐尔巡洋舰炮轰冬宫，宣告了十月革命的开始。现在冬宫成了艾尔米塔什博物馆的一部分。

莫斯科克里姆林宫和红场

名片快递

中文名称	莫斯科克里姆林宫和红场
英文名称	Kremlin and Red Square, Moscow
入世时间	1990年
遗产类别	文化遗产
遴选标准	C（i）（ii）（iv）（vi）

世界遗产委员会评价：

　　由俄罗斯和外国建筑家于14世纪到17世纪共同修建的克里姆林宫，作为沙皇的住宅和宗教中心，与13世纪以来俄罗斯所有最重要的历史事件和政治事件密不可分。在红场上防御城墙的脚下坐落的圣瓦西里教堂是俄罗斯传统艺术最漂亮的代表作之一。

全景素描

　　莫斯科是俄罗斯的首都，具有800多年的辉煌历史，市区跨莫斯科河及其支流雅乌扎河两岸，著名的古老遗迹与气势磅礴的现代建筑交相辉映。

　　莫斯科以红场和克里姆林宫为中心。红场是莫斯科最著名的广场，是沙皇政府宣读诏书和举行凯旋典礼的地方；十月革命后成为庆祝盛大节日活动和阅兵的场所。红场的东边是"中国城"，南边是著名的为纪念战胜喀山汗国而建造的圣瓦西里大教堂，西边是克里姆林宫的东墙，北边是历史博物馆。

列宁墓是红场上最重要的建筑。陵墓一半埋于地下，一半露出地面，用黑色和深红色大理石、花岗石建成。正面刻有石质苏联国徽。列宁的水晶棺安放在墓室中央。墓顶是平台，陵墓的两侧是观礼台。列宁墓和克里姆林宫宫墙之间是苏联其他已故领导人斯大林等人的墓地。红场西北有无名战士纪念碑，碑顶火炬昼夜长明。红场周围的建筑物古朴庄严，具有古老的俄罗斯民族特色。

克里姆林宫以前是俄国沙皇的宫殿，现在是俄罗斯政府的所在地，1156年始建于莫斯科河畔的绿色山岗上。"克里姆林"是"内城""堡垒"的意思。克里姆林宫是由许多高大豪华的教堂、宫殿、塔楼等组成的建筑群，色彩缤纷而又十分和谐。宫内有20座塔，其中最漂亮的一座叫斯巴基塔，尖塔顶上装有红色的五角星，光芒四射，是莫斯科的象征。

克里姆林宫墙里有教堂广场，教堂建筑都很有特色，最美丽的教堂要数有"用石头描绘的童话"之称的圣瓦西里教堂。它由九座参差不齐的高塔组成，中间最高的方形塔高17米。虽然这九座塔彼此的式样色彩均不相同，但却十分和谐，为整个克里姆林宫增色不少。其他著名教堂还有圣母升天教堂、报喜教堂、天使教堂（帝王墓地）等。

克里姆林宫内最高的建筑物是81米高的伊凡大钟塔楼。塔楼五层重叠，楼上八个棱面的窗口都置有自鸣钟，拾级而上至顶楼，即可饱览莫斯科景色。伊凡大钟楼附近有著名的钟王。钟王高10米，重200多吨，钟体饰有精致的浮雕，此钟号称世界第一大钟，但钟铸成后敲了一下便出现裂痕，不能再敲击，《美国百科全书》称它为"世界上从未敲响过的钟"。

贝加尔湖

名片快递

中文名称	贝加尔湖
英文名称	Lake Baikal
入世时间	1996年
遗产类别	自然遗产
遴选标准	N（i）（ii）（iii）（iv）

世界遗产委员会评价：

坐落在俄罗斯联邦境内西伯利亚东南部的贝加尔湖，占地3150000公顷，是世界上历史最悠久（25000000年）且最深的（1700米）湖泊。它拥有地表不冻淡水资源的20%。以"俄国的加拉帕戈斯"而闻名于世的贝加尔湖，因为年代悠久和人迹罕至，使它成为拥有世界上种类最多和最稀有的淡水动物群的地区之一，而这一动物群对于进化科学具有不可估量的价值。

全景素描

贝加尔湖位于西伯利亚南部，为欧亚第一淡水湖，也是世界上最深和蓄水量最大的淡水湖。贝加尔湖，中国古称"北海"，曾是中国古代北方民族主要活动地区，汉代苏武牧羊即在此地。"贝加尔"一词源于布里亚特语，意为"天然之海"。贝加尔湖形狭长，状如镰刀的湖盆足有636公里长，湖面面积达3.15万平方公里。最令人惊叹的是贝加尔湖的深度，它平均深730米，中部最深处达1700米，蓄水量2.3万立方公里，约占世界地表淡水总量的1/5，占苏联地表淡水总量的4/5，是地球上最大的淡水水体。

贝加尔湖形成于2500万年以前，湖底为沉积岩。第四纪初，又一次的造山运动形成了贝加尔湖周围的山脉，同时结束了该湖地质上的下沉历史，至此，贝加尔湖湖区地貌基本形成。贝加尔湖区下面一直存在着巨大的地热异常带，频繁的火山、地震改变着局部地区的地貌。据记载，1862年1月在湖区东岸发生过一次里氏10级地震，形成了一些"海湾"。贝加尔湖最深的普罗瓦尔湾，就是那次地震的产物。

贝加尔湖渔业资源丰富，素有"富湖"之称。湖中有水生动物1800多种，其中1200多种为特有品种，如凹目白鲑、奥木尔鱼等。52种鱼类，一半属刺鳍鱼科。贝加尔虾虎鱼科和鳍鱼科是该湖特有的鱼科。鳍鱼是深水鱼，绯红色，无鳞，鳍像大蝴蝶的翅膀，身子透明，在亮光下整个骨骼清晰可见；最奇怪的是，鳍鱼不产卵，而生小鱼。湖中还生活着一种怪物——贝加尔海豹，即北欧海豹。这种海豹的皮色泽美丽，质地优良。它是怎样来到湖中定居的，迄今仍是个谜。贝加尔湖沿岸，群山环抱，溪涧错落，原始林带苍翠悦目，栖息着很多动物，如黑貂、银鼬、松鼠、水獭、猞猁等。

贝加尔湖不仅深邃，而且澄澈清亮，含杂质极少，透明度深达40.5米，仅次于日本北海道的摩周湖（透明度为41.6米），享有"西伯利亚明眸"之美称。湖区阳光充沛，雨量稀少，冬暖夏凉，有矿泉300多处，是苏联东部地区最大的疗养中心，著名的旅游胜地。俄国著名作家契诃夫就将它誉为"瑞士、顿河和芬兰的神妙结合"。

希腊 | Greece

异域剪影

　　"希腊"在希腊语中意为"希伦人居住地",希伦是希腊古代一个小部落的名称。希腊位于巴尔干半岛向南延伸的部分,陆地多山,小平原和盆地分布其间,沿海岛屿众多。古希腊是西方文明的发源地之一,古典时代的思想与文化影响至今。15世纪奥斯曼土耳其人灭亡了拜占庭帝国,彻底结束了辉煌的希腊传统,希腊从此陷入黑暗时代。1829年,希腊在英、法等国帮助下终于摆脱奥斯曼土耳其帝国的统治,宣布独立。

　　希腊以东正教为国教,信仰人口约97%,但也容许其他宗教存在。旅游业是希腊的重要收入来源,人们关注的焦点主要集中在希腊的古迹和博物馆、各岛屿的冬季度假地、民间节庆以及各种文化活动等。

雅典卫城

名片快递

中文名称	雅典卫城
英文名称	Acropolis, Athens
入世时间	1987年
遗产类别	文化遗产
遴选标准	C（i）（ii）（iii）（iv）（vi）

世界遗产委员会评价：

雅典卫城显示着希腊1000多年繁荣的文明、神话和宗教，包含了古希腊艺术的四个最伟大的杰作巴特农神庙、通廊、厄瑞克修姆庙和雅典娜胜利神庙，因此被认为是世界传统思想的象征。

全景素描

希腊首都雅典位于巴尔干半岛东南的阿蒂卡平原，是世界著名的古城，被誉为"西方文明的摇篮"。公元前12世纪，迈锡尼人在阿克罗波利斯山上筑围墙，即卫城山，雅典的雏形诞生了。今日的雅典便是以其为中心，历经3000多年发展而成。公元前8世纪，伊奥尼亚人建立奴隶制城邦，后来又在阿克罗波利斯山上建立起巴特农神庙等宗教建筑，雅典卫城从此著称于世，被认为是古希腊灿烂文化的象征。

雅典卫城位于市中心150米高的石灰岩山丘顶部，在卫城的残垣断壁中，古希腊巴特农神庙巍然屹立，至今依然光彩夺目。神庙祀奉着雅典娜女神，故而又称"雅典娜巴特农神庙"，雅典由此而得名。巴特农神庙是公元前5世纪的大政治家伯利克里当政时代重建卫城山工程的重点项目，建于公元前447—438年，著名建筑师、雕刻师菲迪亚斯承担神庙的设计工作，他也是雅典娜神像的创制人。巴特农神庙被认为是多立克式建筑艺术的登峰造极之作，素有"希腊国宝"之称。

在卫城山上还有一座有名的雅典娜胜利女神庙，也称无翼胜利女神庙。在希腊艺术中，胜利女神都是有翼的，而雅典居民希望胜利女神不要飞走，永远留在雅典，所以就有了无翼女神这一形象。雅典娜是希腊神话中的智慧、技艺与战争女神，是希腊的保护神。神庙始建于公元前6世纪，公元前480年时被战火洗劫，荡然无存，战后进行了重建。新神庙用雅典附近产的大理石建成，晶莹洁白。庙东有雅典娜手执盾牌的浮雕，还有宙斯等诸神的造像。内殿有胜利女神塑像。后又几经战火洗劫，现仅存几根11米高的圆柱。

奥林匹亚考古遗址

名片快递

中文名称	奥林匹亚考古遗址
英文名称	Archaeological Site of Olympia
入世时间	1989年
遗产类别	文化遗产
遴选标准	C（i）（ii）（iii）（iv）（vi）

世界遗产委员会评价：

奥林匹亚遗址在伯罗奔尼撒半岛的山谷里，自从史前时代以来就有人居住。在公元前10世纪，奥林匹亚成为人们敬拜宙斯的一个中心，阿尔提斯神的圣地，集中了古代希腊最杰出的建筑作品。除了庙宇以外，这里还保留着专供奥运会使用的各种体育设施。奥运会开始于公元前776年，每四年在奥林匹亚举行一次。

全景素描

奥林匹亚遗址是古代奥林匹克运动会的发源地，也是现代奥林匹克运动的发祥地。它位于希腊伯罗奔尼撒半岛西部的皮尔戈斯之东，阿尔费夫斯河和克拉泽夫斯河之间，1000多年来洪水不断带来淤积，该遗址

奥林匹亚考古遗址

遂被厚达5~7米的泥土掩埋于地下。

从19世纪20年代到20世纪50年代，经考古学家不断挖掘，奥林匹亚遗址才重新呈现在世人面前。

早在史前时代，这里已经有人定居；到了铁器时代，人们在小丘之南建造了万神之王宙斯的神庙。宙斯神殿建于公元前457年，是古代最宏伟的建筑之一，白色大理石庙宇长64米，宽28米。现在的宙斯神殿残留着1米多高的基座，基座上遗留2米高的颓壁，还有一个个巨大断柱，直径足足有2米。宙斯神殿的艺术精华是东西山墙上的人物雕像。西山墙的雕像内容取材于希腊神话中半人半马的肯陶洛斯人抢婚的故事。这组雕像有21个人物，其中肯陶洛斯人抢新娘的雕像，姿态十分生动。特别是新娘被抢夺时的惊恐神态及挣扎的躯体，被刻画得惟妙惟肖。

赫拉神殿建于公元前7世纪上半叶，是希腊众神殿中最古老的一座。神殿内原供奉的宙斯之妻赫拉女神像已被毁坏。1887年，德国考古学家在该遗址发掘出完整的赫尔墨斯神的雕像。赫尔墨斯右臂上扬，左臂抱着婴儿（即酒神），雕刻极其逼真。现代奥运会点燃圣火的仪式就在赫拉神殿前的广场上举行。

奥林匹亚竞技场虽已成为废墟，但其遗址仍可反映当时竞赛的盛况。竞技场入口处有石砌拱形长廊，场内的观众看台和贵宾席依克尼斯山麓而建，全场可容纳4万名观众。运动场长200多米，宽175米，位于长满橄榄树和桂树的丘陵地带。一侧的看台仍然保存完好，石灰石铺的起跑点依稀可见。

如今，奥林匹亚及其附近发掘的许多文物，珍藏在了奥林匹亚博物馆里。这里已成为希腊著名的旅游景区，同时也是弘扬奥林匹克精神的圣地。

英国 | England

异域剪影

英国是一个岛国，正式名称为大不列颠及北爱尔兰联合王国，位于欧洲大陆西北岸外的大西洋，主要由大不列颠岛（包括英格兰、苏格兰、威尔士）、爱尔兰东北部和一些小岛组成。英吉利海峡和北海将其与欧洲大陆隔开。19世纪的英国是世界最发达的工业国家和海上强国，巅峰时期曾经控制地球1/4的陆地，号称"日不落帝国"。20世纪上半叶两次世界大战耗尽其力量，下半叶大英殖民帝国土崩瓦解。但英国仍成功地将自己重塑成一个繁荣的现代化欧洲国家。

英国有将近3/5的人口信奉英国国教——圣公会，圣公会是基督教新教三大派系之一，亦称安立甘宗。英国旅游有三大景观，即田野景色、海岸风情和保有大不列颠气质精髓的伦敦。

"巨石阵"遗迹

名片快递

中文名称	"巨石阵"、埃夫伯里及周围的巨石遗迹
英文名称	Stonehenge, Avebury and Associated Sites
入世时间	1986年
遗产类别	文化遗产
遴选标准	C(i)(ii)(iii)

世界遗产委员会评价:

位于威尔特郡的"巨石阵"——埃夫伯里是世界上最大的巨石林,也是欧洲最大的史前古迹。这个由史前遗留下的糙石巨柱环绕而成的巨石林,它的巨大意义没有人能够说明白。这个圣地和周围各种各样的新石器时代的遗址,为研究史前时代提供了无与伦比的证据。

全景素描

英国威尔特郡的埃夫伯里,屹立着一组高大的巨石,形成一个直径30米的圆圈,人们叫它"巨石阵"或者"石围圈",当地人则叫它"高悬在天上的石头"。这里的巨石阵是世界上最大的巨石林,也是欧洲最大的史前古迹。在英国人的心目中,"巨石阵"是一处古老而又神圣的地方。英国19世纪著名的首相格莱斯顿曾这样形容:"这是一座崇高的、令人敬畏的古迹,它诉说着很多事情,同时又告诉人们,它隐藏着更多的事情。"

这些巨石高约5~10米，平均重量为25~30吨；石上又架着巨石横梁，形成一个十分壮观的圆形大栅栏；还竖着五座形如门框的三石塔，其中最高的一块重达50吨。石阵规模宏伟，结构神奇，工程浩大，蕴意深邃。

面对着这据说历经了4000多年风雨的巨石阵，人们困惑不解：史前人类是怎样把那些巨石从几十里甚至几百公里以外运来并竖立起来的呢？为什么他们要造这样的巨石阵？人们莫衷一是，众说纷纭。下面所介绍的只是一些研究人员的看法，并未形成一致的答案。

200多年前，就有人注意到巨石阵的天文意义，而目前最流行的看法也是如此。研究人员经过详细的考察，提出了一个惊人的发现：巨石阵的主轴线正好指向夏至日出的方位，而其中两块巨石的连线则指向了冬至日落的方位。20世纪初，英国天文学家洛基尔又经过深入研究，推论说：巨石阵标明了一种一年分八个节气的历法。

到了21世纪60年代，牛津大学霍金斯教授用电脑推演了全部石头所连的20700根直线的意义，最后认定，这群石头竟然是一台推演天文历法的"计算机"，它以日月的光照作为流动的原件，与石柱的投影搭配，恰好组成了一组极其简便而且极其可靠的历法推演程序。柱与柱之间的连线与穿过石门的月光，构成了历法上某一时刻的标记，而透过石窗与石门的日月之光又能准确无误地表示日食、月食。

真相是这样吗？如果确实如此，那么我们不免要问：用现代的计算机才能推演出的历法，几千年前的人类是如何知晓的呢？这仍然是一个大谜团。

伦敦塔

名片快递

中文名称	伦敦塔
英文名称	The Tower of London
入世时间	1989年
遗产类别	文化遗产
遴选标准	C（ii）（iv）

世界遗产委员会评价：

具有罗马人建筑风格特点的白塔，是影响整个英国建筑风格的巨大建筑物。伦敦塔是威廉沿泰晤士河建造的，目的是为了保护伦敦，并宣称此地是他的领土。伦敦塔是围绕白塔建造的一个十分有历史意义的城堡，也是王室权力的象征。

全景素描

伦敦塔位于伦敦东南角的塔山上，南临泰晤士河，是一组庞大的历史建筑群，占地约7.2公顷。1066年，法兰西最强大的诺曼底公国的公爵威廉跨海征服了不列颠，同年10月，他在伦敦加冕为王，即威廉一世。这位伟大的征服者在全英格兰修筑了坚固的城堡，以巩固他的胜利。他为伦敦选的地址是在泰晤士河岸的前罗马人营地。1078年，他在此地修建了著名的白塔，作为驻扎重兵的城堡。

白塔是座典型的诺曼底风格的古堡，共分三层，内设大堂、会议厅、会客厅、寝宫和教堂等。整个建筑工程由罗切斯特主教贡多尔夫主持。威廉·菲茨斯蒂芬在他写于12世纪的《编年史》中，把白塔描绘为"十分伟大而坚固的马拉丁塔"。

白塔在建成后的五个多世纪里，一直是英国王室的住地。以后英国历代统治者以白塔为中心，进行增修扩建，四周建成内外两道城墙。伦敦塔的内城墙建成于亨利三世时期，由13座圆形、半圆形和方形高塔以及连接它们的城墙组成。这些塔楼战时用于防卫，平时则作为住房。血塔建于1225年，原称花园塔，16世纪末改称血塔。它是用来关押重要政治犯和国王死敌的监狱。离血塔不远的一块空地，是当年处决犯人的断头台，在这里所设的一块铜牌上记载着死在这个断头台上的一批著名人物的名单。

英国皇室经过几个世纪的营建和扩建，设置了多座防御性建筑，形成了今天这样规模宏大的建筑群。人们把它们集中起来称作伦敦塔。

伦敦塔不仅是防卫森严的堡垒和监狱，而且还兼做皇家制币厂、档案馆和皇家天文台，它还曾是一座重要的军火库。从13世纪到19世纪，这里还有一座皇家动物园，里面豢养着来自世界各地的珍贵动物。直到1834年，这批动物才被送到新建的伦敦动物园里。

现在，伦敦塔是著名的英国珍宝馆。在白塔里陈列着5800多件兵器，从公元9、10世纪撒克逊时代的锁子甲到第一次世界大战时的毛瑟枪，应有尽有。滑铁卢兵营地下室已改建成皇家珍宝馆，展出金银器皿、王室人员的佩剑、勋章、礼服等，还有镶有3000多块宝石的维多利亚女王的"帝国王冠"。在王室的大十字权杖上，嵌有一颗重530克拉的世界上最大的钻石，那就是著名的"非洲之星"。

德国 | Germany

异域剪影

德国位于欧洲中北部，原本只是一些松散的日耳曼邦国。据记载，公元前2世纪左右的日耳曼人属于罗马帝国边界的"野蛮人"部落。1871年，普鲁士统一德国。20世纪上半叶，德国策动两次世界大战，均以战败告终。在冷战年代，德国分裂为社会主义的德意志民主共和国和资本主义的德意志联邦共和国，直到1990年才实现统一。现在的德国是欧洲人口最多、经济实力最强大的国家。

德国人大多为基督教信徒，其中德国北部地区大部分为新教徒，而天主教徒集中的地区多在莱茵河和巴伐利亚。

德国旅游业十分发达，国内拥有众多的历史遗址、美术馆、博物馆，还有巴伐利亚的冬季运动会和文化活动等。

科隆大教堂

名片快递

中文名称	科隆大教堂
英文名称	Cologne Cathedral
入世时间	1996年
遗产类别	文化遗产
遴选标准	C（i）（ii）（iv）

世界遗产委员会评价：

哥特式的科隆大教堂始建于1248年，历经几个阶段的修建，一直到1880年才建成。在修建科隆大教堂的七个世纪中，一代代的建筑师们都受着同一种信仰的支配，做到了绝对忠实于最初的设计方案。除了它自身的重要价值和教堂内的艺术珍品以外，科隆大教堂还表现出了欧洲基督教经久不衰的力量。

全景素描

科隆大教堂是德国最大的天主教堂，坐落在科隆市中心，以轻盈、雅致著称于世，是中世纪欧洲哥特式建筑艺术的代表作。

科隆大教堂于1248年在卡罗林王朝希尔德博尔德大教堂的遗址上兴建，1560年堂内大厅基本竣工。德国宗教改革后停建。1842年在德国建筑师弗里德里希·茨维尔纳主持下继续修建，直到1880年最后建成。

科隆大教堂正面

大教堂占地8000平方米，建筑面积约6000平方米，东西长144.55米，南北宽86.25米。大教堂全部由磨光的石块建成，整个工程共用去40万吨石材，加工后的构件总重16万吨，并且每个构件都十分精确。大教堂内分为五个礼拜堂，中央大礼拜堂穹顶高达43.35米，各堂有整齐的木制席位。大教堂四壁上方的玻璃窗用彩色玻璃镶嵌出《圣经》故事，这些玻璃镶嵌总计有1万平方米。

大教堂的双尖塔直插云天，如同人类在祈祷的一双手臂。据说教堂越高则灵魂越容易上通于天。教堂四周林立着无数座的小尖塔，与双尖高塔相呼应。教堂的钟楼上，安装着五座响钟，其中24吨的圣彼得钟最大。响钟齐鸣时，声音洪亮深沉。大教堂前现建有"教堂平台"，成为举行礼拜仪式和各种聚会的场所。每到夜晚，安装在四周各建筑物的聚光灯向教堂射出一束束青蓝色的冷光，教堂中央的双尖顶直刺云霄，一连串的尖拱窗驮着陡峭的屋顶，整座教堂显得清奇冷峻，充满力量。

科隆大教堂保存有珍贵的文物，其中包括成千上万张当时大教堂的设计图纸，实为研究中世纪建筑艺术和装饰艺术的宝贵资料。还有从东方去朝拜初生耶稣的"东方三圣王"的尸骨，被放在一个很大的金雕匣里，安放在圣坛上。这里还有最古的巨型圣经，比真人还大的耶稣受难十字架以及教堂内外无数的精美石雕。

科隆大教堂是科隆的骄傲，也是科隆的标志。它与巴黎圣母院、罗马圣彼得大教堂并称为欧洲三大宗教建筑。

西班牙 | Spain

异域剪影

"西班牙"腓尼基语意为"野兔",因古迦太基人在伊比利亚半岛海岸发现很多野兔而得名。该国占欧洲西南伊比利亚半岛的大部,除去位于北非摩洛哥的两块飞地,陆上仅与法国、安道尔和葡萄牙接壤。西班牙在 16、17 世纪建立起世界帝国,后因海上霸权丧失而屈服于英国。在近代,西班牙未能跟上欧洲工业革命步伐,因此经济和政治上都落后于英国、法国和德国。

在西班牙 3000 多公里蜿蜒曲折的海岸线上,分布着许多天然的海滨浴场,其中有闻名遐迩的三大海滨旅游区:南部绵延百余公里的"金色海岸";以火山和热带风光闻名的"幸福岛"——加那利群岛;以"地中海浴池"驰名的巴利阿里群岛。西班牙还拥有许多古代的王宫、教堂和城堡。

阿尔塔米拉洞窟

名片快递

中文名称	阿尔塔米拉洞窟
英文名称	Altamir Cave
入世时间	1985年
遗产类别	文化遗产
遴选标准	C（i）（iii）

世界遗产委员会评价：

阿尔塔米拉洞窟位于桑坦德省，是史前人类活动遗址。旧石器时代的奥瑞纳期、梭鲁推期和马德格林期先后有人类生活聚居在此。在这里发现的大多数石器工具和举世闻名的洞穴壁画都可追溯到马德格林期，即旧石器时代的晚期。在一个巨大石室里发现的壁画以红黑色调为主，其中描绘出各种野生动物的形象，比如野牛、野马、鹿和野猪等。

全景素描

阿尔塔米拉洞窟，西班牙的史前艺术遗迹，位于西班牙坎塔布利亚自治区的桑蒂利亚纳·德耳马尔附近。这些岩洞在距今11000—17000年前已有人居住，一直延续至欧洲旧石器文化时期。该洞窟因洞内众多的史前壁画而举世闻名。

1869年，西班牙考古学家马塞利诺·德桑图奥拉来到阿尔塔米拉洞穴附近收集化石，初步断定这里是史前人类活动频繁的地方。四年以后，他再度来到这里，并把他四岁的小女儿玛丽亚也带在身边。玛丽亚偶然爬进了一个低矮的洞口。洞内一片漆黑，她点燃了蜡烛。当她抬起头时，突然发现一只直瞪着的公牛眼睛，她吓得大叫起来，于是，举世闻名的阿尔塔米拉洞窟被发现了。

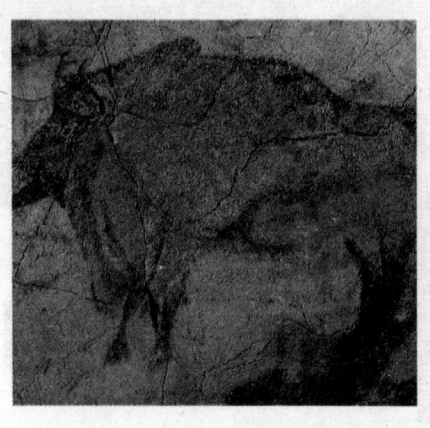

阿尔塔米拉洞窟岩画

　　1875年，挖掘阿尔塔米拉洞窟的工作正式开始。洞窟长约270米，洞高2~3米，宽度各处不一，深邃而曲折。洞里保持着久远的石器时代面貌，有石斧、石针等工具，还有雕琢平坦的巨大石榻以及生火取暖的石灶，灶底余烬痕迹清晰可辨。150多幅壁画集中在长18米、宽9米的入口处，为公元前3万—前1万年左右旧石器时代晚期的古人绘画遗迹，被称为"马格德林文化"。

　　玛丽亚发现的这头野牛被画在主洞的窟顶上，显然是先勾线后涂色的，色彩以红与黑为主，还带有黄和紫。据考证，壁画颜料取于矿物质、炭灰、动物血和土壤，再掺和动物油脂而成，色彩至今仍鲜艳夺目。当时所用的"画笔"可能是苔藓类植物，或者是兽毛。

　　阿尔塔米拉壁画线条清晰，多以写实、粗犷和重彩的手法，刻画原始人熟悉的动物形象，组成一幅幅富有表现力和浮雕感的独立画面，神态逼真，达到了史前艺术的高峰。由于这些绘画艺术高超、保存完好，曾一度引起专家们的怀疑。由此不难理解人们为什么把它称为"史前西斯廷小教堂"。

　　西班牙科学家认为，这一发现是对达尔文"早期人类没有任何艺术见解"的观点的一次革命。洞外不远处有洞窟艺术博物馆，为两层楼房建筑，分洞窟壁画馆和考古陈列馆两部分。考古陈列馆内展出附近地区出土的动植物化石及各种石器、陶器、铁器和青铜器等珍贵历史文物。

奥地利 | Austria

异域剪影

"奥地利"德语意为"东方王国",因奥地利在查理曼帝国时期地处帝国东方而得名。该国是位于欧洲中南部的内陆国家,西面与德国为邻。奥地利曾是哈布斯堡王朝的神圣罗马帝国和庞大的奥匈帝国之中心,一战后奥匈帝国解体,奥地利才作为一个单一的日耳曼民族国家产生。

奥地利有84%的人口信仰天主教,但宗教对人们生活的影响力在逐渐下降。

奥地利旅游业发达,壮美的阿尔卑斯山脉是登山爱好者的理想去处;数百个秀美的湖泊是水上运动的好地方;首都维也纳位于多瑙河畔,是著名的音乐之都,热爱音乐的游客可以在此聆听一场难以忘怀的音乐会,崇尚历史的人们,还可以在此缅怀奥匈帝国的盛世辉煌。

维也纳历史中心

名片快递

中文名称	维也纳历史中心
英文名称	Historic Centre of Vienna
入世时间	2001年
遗产类别	文化遗产
遴选标准	C（ii）（iv）（vi）

世界遗产委员会评价：

维也纳是从早期的哥特和罗马人定居点发展起来的，到中世纪时期，已经成为神圣罗马帝国的首都，带有浓郁的巴洛克色彩。从早期伟大的"维也纳乐派"到20世纪初叶的"创建期"（Grunderziet），维也纳一直在欧洲乐坛上发挥着独特的重要作用。维也纳还是建筑艺术精华的汇聚地，包括巴洛克风格的城堡和庭院，还有建于19世纪晚期的环城大道，沿着这条壮丽宽阔的林荫大道散布着维也纳最重要的名胜古迹：胡浮堡皇宫、博物馆和人民公园等。

全景素描

维也纳是奥地利首都和文化中心，位于奥地利东北部、多瑙河南岸，面积415平方公里，是欧洲的大城市和铁路枢纽，也是多瑙河上的港口。它在公元1世纪时是罗马帝国要塞，中世纪就已经相当繁荣，18世纪时作为哈布斯堡王朝的中心而达到鼎盛期。第一次世界大战前是奥

维也纳历史中心

匈帝国的首都，以后为奥地利首都。市内至今保留有1528年修建的圣斯丹芬大教堂和部分狭窄的街道。1974年，联合国决定将维也纳作为和纽约、日内瓦并列的第三会议城市。

维也纳景色优美，碧澄的多瑙河由城北向东南穿绕过市区，而城市的西北则在宁静繁茂的大森林的怀抱之中。整个城市布局独具一格，为环状结构：内环路以里的内城多为罗马式与哥特式的古建筑，是文化艺术古城的缩影。市街至今保持着旧时代的模样，石板铺成的巷弄古朴典雅。在那些古建筑物上、宽大的桥栏上、公园里或广场中，到处都有颇具历史意义的精美雕塑，加之沿街建筑的尖塔、壁柱、拱廊等，充分显示了维也纳艺术气氛的浓厚，给人宁静、庄重与和谐之感。

维也纳是世界音乐之都，这段历史可追溯到罗马人统治时期。当时

维也纳历史中心的雕塑

奥地利在位者热衷音乐,全国上行下效,对音乐无不狂热,作为全国中心的维也纳自然成了音乐圣地。到18世纪初,维也纳已成为古典音乐大师们云集的音乐圣城了。舒伯特、勃拉姆斯诞生于维也纳,贝多芬、海顿、莫扎特、施特劳斯等,都曾长期在这里创作。在市区和公园里,到处都有这些著名音乐家的塑像。维也纳的许多街道、礼堂、会议大厅,都是用音乐家的名字命名的。维也纳还有著名的艺术博物馆、维也纳国家歌剧院等。

　　位于环城路上的维也纳国家歌剧院,是具有100多年历史的古老剧院之一。这座古罗马式的宏伟建筑,在第二次世界大战时曾遭受战争的严重破坏,战后又重新修建。这是维也纳少数几家只上演歌剧和演奏古典音乐的剧场之一。每年一度的维也纳音乐会,把世界各地的音乐家和音乐爱好者吸引到这里。施特劳斯的名作《蓝色多瑙河》圆舞曲是最吸引观众的节目之一。

比利时 | Belgium

异域剪影

比利时因凯尔特族的"比利其"部落而得名。"比利其"在凯尔特语中有"勇敢""尚武"的意思。比利时是欧洲最小的国家之一，位于欧洲大陆的西北部，北、东北与荷兰接壤，东与德国和卢森堡为邻，南、西南与法国相连。1830年比利时脱离荷兰独立，一战和二战中都曾被德国占领。比利时环境优美，旅游业很发达，欧盟、北约和一些大的国际组织相继设总部于比利时首都布鲁塞尔。布鲁塞尔仍保有欧洲最迷人的中古风貌，中世纪的神秘和美感真实地存在于每一个角落。

布鲁塞尔大广场

名片快递

中文名称	布鲁塞尔大广场
英文名称	Grand-Place, Brussels
入世时间	1998年
遗产类别	文化遗产
遴选标准	C（ii）（iv）

世界遗产委员会评价：

布鲁塞尔大广场是一处独特的公共建筑和私人建筑的共同体，广场上的建筑大部分建于17世纪晚期。当地的建筑提供了反映布鲁塞尔这一重要的政治和商业中心的社会和文化生活水平的生动例证。

全景素描

比利时地处英、法、德三国之间，被称为"欧洲十字路口"，而首都布鲁塞尔则是十字路口的中心。布鲁塞尔城区位于塞纳河畔，城内保留有中世纪雄伟的王宫、古老的教堂，还有许多博物馆和雕像。而最著名的则是位于布鲁塞尔市中心的布鲁塞尔大广场。

布鲁塞尔大广场与布鲁塞尔的历史几乎同样漫长。布鲁塞尔早先是塞纳河沿岸沼泽地上的一个小村庄。12世纪时，在抽干水的沼泽地上建起了布鲁塞尔的首家商业中心。13世纪时增添了面包店、布店和肉店。14世纪时，该商业中心发生显著变化，出现了布鲁塞尔市政厅。于是在15世纪初，人们在此兴建了宏伟的布鲁塞尔大广场，它逐渐成为中世纪布鲁塞尔商会拥有财富的象征。

布鲁塞尔大广场呈长方形，长110米，宽68米，地面用花岗石铺就。环广场的建筑物多为中世纪所建的哥特式、文艺复兴式、路易十四式等建筑形式，建筑风格各异。这里不但有哥特式建筑典范的市政厅、精巧的皇家宫殿、高大的商会会所，还有小尖塔、花饰、雕琢的山墙、雕像、仿照人和动物头形的滴水饰、半身雕塑、战利品雕塑、圆雕塑、徽章兽、立柱和栏杆等，实在是美不胜收，犹如一个超大的舞台。几个世纪中，大广场一直是布鲁塞尔举行重要活动的地方。

布鲁塞尔市政厅

始建于1402年的布鲁塞尔市政厅位于大广场右侧，是一座典型的古代弗兰德哥特式建筑，气势恢宏。市政厅大楼上的厅塔高约91米，塔顶有一尊高5米的布鲁塞尔城守护神米歇尔的雕像。市政厅装修精美，天花板上的图案美妙绝伦，栏杆花纹雕刻精细，雪白色的大理石楼梯像一条银蛇蜿蜒而上。走廊里布满五彩缤纷的壁画。在许多巨幅肖像画中有比利时的君主像，有曾经统治过布鲁塞尔的西班牙、荷兰、法国等国的国王画像，还有横扫欧洲大陆的拿破仑画像。

今日的布鲁塞尔大广场，已成为全市市民的活动中心。每逢星期天，大广场有花鸟集市，百花斗妍，群鸟争鸣。每隔两年的8月，布

布鲁塞尔大广场

鲁塞尔市政府都要在大广场举行为期4天的"大广场鲜花地毯节"。"鲜花地毯"铺于广场的中心,呈长方形,中间有三个圆形喷泉在不断地落珠溅玉,景色和谐优美。它被誉为是世界上最大的人造"鲜花地毯"。

法国作家维克多·雨果曾在布鲁塞尔居住过一段时期,他称誉大广场为"欧洲最美的都市广场"。

梵蒂冈 | Vatican

异域剪影

  梵蒂冈国名有"占卜之地""先知之地"的意思，因位于罗马城西北角的梵蒂冈高地而得名。该国面积 0.44 平方公里，是世界上最小的国家。公元 756 年，教皇斯提芬二世接收法兰克国王丕平所赠罗马城及周围区域，获得世俗权，成为教皇国之始。1929 年，墨索里尼同教皇庇护十一世签订《拉特兰条约》，意大利承认梵蒂冈为属于教皇的主权国家，教皇正式承认教皇国的灭亡，另建梵蒂冈城国，并且成为世界天主教的中心。

  圣彼得教堂是梵蒂冈的教廷教堂，自 1870 年以来，大部分教皇加冕仪式都在此举行。梵蒂冈图书馆兴建于 1475 年，是世界最古老的博物馆之一，它所收藏的无数绘画和雕塑珍品，堪与伦敦大英博物馆和巴黎卢浮宫相媲美。

梵蒂冈城

名片快递

中文名称	梵蒂冈城
英文名称	Vatican City
入世时间	1984年
遗产类别	文化遗产
遴选标准	C（i）（ii）（iv）（vi）

世界遗产委员会评价：

　　梵蒂冈城是基督教国家最神圣的地区之一，是伟大的历史见证，也是基督教神圣精神进程的见证。在这个小小的国境内，它是唯一一处聚集了大量艺术和建筑杰作的宝地。在城的中心位置坐落着圣彼得巴西里佳风格的教堂，教堂装饰着双柱廊，正面环绕着与宫殿和花园毗邻的广场。这座巴西里佳风格的教堂矗立在圣徒彼得的陵墓上，是天才勃拉曼特、拉斐尔、米开朗琪罗、贝尼尼和马德尔纳的共同成果。

全景素描

　　梵蒂冈位于意大利首都罗马城内西北的梵蒂冈高地上，既是一个"国中之国"，又是一个"城中之国"。它的面积仅0.44平方公里，还抵不上北京故宫的2/3，是一个名副其实的袖珍国。

　　公元6世纪时，罗马主教获得罗马城的统治权，宣称为教皇。公元756年，法兰克国王丕平将罗马城及其周围地区送给教皇。教皇国国土最大时达4万平方公里以上。1870年意大利统一后，教皇的世俗权力结束，教皇退居到梵蒂冈。1929年，意大利承认梵蒂冈是主权国家。梵蒂冈国家虽小，但它却是全世界7亿天主教徒的精神中心。它的国体为"教皇国"，首脑是教皇。世界上大多数天主教会都听从梵蒂冈教皇发号施令。教皇自称是"基督在世代表"，他通过罗马教廷和全世界主教会议，对全世界天主教会行使最高权力。

梵蒂冈城大致呈三角形，建于中世纪和文艺复兴时期的城墙也就是国界。城墙外的圣彼得广场也属梵蒂冈领土。广场略呈椭圆形，地面由黑色小方石块铺砌，两侧由两组半圆形大理石廊柱环抱，广场中央有一高入云霄的红色花岗岩方尖碑及两座巨型喷泉，广场可容纳50万人，是罗马教廷举行大型宗教活动的地方。

梵蒂冈的圣彼得教堂是全世界最大的天主教堂，历时120年才建成，可容五万多人同时做礼拜。教堂长约200米，平面呈十字架形，上有穹窿大圆顶。圆顶的内壁上有五颜六色的玻璃窗和镶嵌画，最上端则繁星点点，游人抬头仰望似独自在天穹之下。文艺复兴时代的杰出大师米开朗琪罗、拉斐尔等先后担任过设计师。教堂内的墙壁、石柱、天花板、门扉乃至玻璃窗上、地上，处处都有精美的雕刻、壁画和镶嵌画。米开朗琪罗的大理石雕像《母爱》、乔托的镶嵌画《小帆》、贝尔尼尼的雕塑《圣水钵》是千古名作。

圣彼得教堂的两侧和后院还有圣母玛利亚教堂、西斯蒂纳礼堂、拉特兰宫、教皇皇宫等建筑群，保存着中世纪和文艺复兴以来的珍贵文物和艺术品，如无价之宝《基督升天》《最后的审判》等。

匈牙利 | Hungary

异域剪影

"匈牙利"的含意是"十个部落",主要民族是马扎尔族,即匈牙利族。该国是中欧内陆国家,与乌克兰、罗马尼亚、克罗地亚诸国接壤。匈牙利人的祖先原居住于西伯利亚大草原的西部,在公元10世纪左右,逐渐进入目前的居住地。大多数匈牙利人均有某种宗教信仰。历史上,在马扎尔人王国建立后的100年左右,他们即在国王的领导下皈依基督教。如今,全国约有2/3的人信奉天主教,1/4的人信奉新教。

布达佩斯

名片快递

中文名称	布达佩斯（多瑙河两岸和布达城堡区）
英文名称	Budapest, the Banks of the Danube and the Buda
入世时间	1987年
遗产类别	文化遗产
遴选标准	C（ii）（iv）

世界遗产委员会评价：

这个地区保留有诸如阿昆库姆罗马城和哥特式布达城堡等遗迹，这些遗迹采用的是受到了好几个时期影响的建筑风格，是世界上城市景观中的杰出典范之一，而且显示了匈牙利都城在历史上各伟大时期的风貌。

全景素描

布达佩斯是匈牙利首都，位于欧洲第二大河多瑙河的"河弯"地带。许多中世纪城堡和宫殿，或高踞于河谷两侧的高地之上，或建于布达佩斯城堡区。布达佩斯由两部分构成，多瑙河西岸部分称布达，是较古老的地区。东岸部分称佩斯，是现代的商业中心。布达佩斯风光旖旎，景色宜人，被视为当代最美丽的国际性城市之一，有"东欧的巴黎"之称。

布达城堡区是布达佩斯的发祥地，是该市历史的见证。城堡区面积不到1平方公里。城堡的中央是建于15世纪的巍然耸立的马力什教堂。教

布达城堡

堂顶上镶嵌有五彩花玻璃。教堂旁边的渔人堡因建于中世纪的鱼市场和渔村的遗址上而得名。渔人堡造型别致,其尖塔石亭酷似中国的粮仓。布达皇宫是城堡山最大的名胜。哥特式大殿、伊斯特万塔、皇宫小教堂等建筑富丽堂皇。御花园中耸立着1686年解放布达的欧仁尼大公的骑马像。

国会大厦为哥特式圆顶宫殿,欧洲著名古建筑之一,全部用大理石筑成,气势不凡。中央有一个96米高的大圆顶,周围有两个哥特式大尖塔,22个哥特式小尖塔。中央大厅有20多根用金箔包裹的柱子,金碧辉煌,四壁布满匈牙利历代君王的雕像。

英雄广场上有一个36米高的"千年纪念碑",1896年为匈牙利人定居1000周年而建。碑座有七位骑战马的英雄雕像,碑后有两座16米高的半弧形柱廊,中间排列着14座比真人还大的历代匈牙利统治者的雕像。

布达佩斯的大街小巷都是绿树成荫,街心公园花团锦簇,多瑙河水静静地流淌,沿河耸立着历代的建筑。在市中心的盖莱特山顶,矗立着高擎绿枝的自由女神像,河对面则是匈牙利伟大诗人裴多菲的铜像。这位诗人的千古名句:"生命诚可贵,爱情价更高;若为自由故,二者皆可抛。"曾激励无数人去努力争取民族的自由。

罗马尼亚 | Romania

异域剪影

　　古罗马人征服达契亚人的王国后与当地民族融合形成今天的罗马尼亚族，古罗马尼亚人自称"从罗马来的人"。罗马尼亚地处东南欧，位于巴尔干半岛东北部，是意大利东边唯一一个以罗曼语为主要语言的国家。二战后，在苏联的影响下，罗马尼亚国王退位，成立人民共和国。

　　罗马尼亚旅游资源丰富，有大量古罗马、拜占庭时代的遗址及各式风格的教堂与城堡；黑海之滨有 70 余公里长的白色沙滩，是旅游度假胜地；多瑙河三角洲近 10 万公顷的浮岛在风浪中漂游，这里还是欧、亚、非三洲候鸟的聚集地，被称为"鸟兽的天堂"。

多瑙河三角洲

名片快递

中文名称	多瑙河三角洲
英文名称	Dnube Delta
入世时间	1991年
遗产类别	自然遗产
遴选标准	N（iii）（iv）

世界遗产委员会评价：

多瑙河奔流直下，汇入黑海，形成了欧洲面积最大、保存最完好的三角洲。多瑙河三角洲不计其数的湖泊和沼泽哺育着300多种鸟类和45种多瑙河及其支流中特有的鱼类。

全景素描

多瑙河发源于德国西南部黑林山的两条小河——布雷格河和布里加赫河的汇合处。它跌宕蜿蜒。相传在远古时代，多瑙河流到罗马尼亚时，受到喀尔巴阡山的阻拦，于是，愤怒的河水猛烈咆哮，冲击着山上的岩石，经过无数岁月，河水终于冲出了决口，倾泻而下。从那以后，多瑙河日日夜夜把从上游带来的泥沙淤积在它的出海口，形成了三角洲，其面积约为50万公顷，现在每年仍在不断扩大。如今，多瑙河流域包括了欧洲10多个国家，多瑙河成为世界上流经国家最多的国际河流。

多瑙河入海口所形成的三角洲位于罗马尼亚东部，河道纵横，泽地成片，几千条运河和水道构成了神秘的泽国，把坐落其间的村庄、农田连接起来，犹如大自然中的一座水陆迷宫。两岸丛林密布，湖面碧波荡漾。

多瑙河三角洲腹地的"浮岛"堪称一大奇景。这种"浮岛"表面像陆地，长着茂盛的植物，底下却是一片湖泊。浮岛面积约达10万公顷，厚度一般在1米左右。它时时在风浪中漂游，改变着三角洲的自然面貌。春天，当多瑙河泛滥时，这里的各类飞禽走兽也靠浮岛而得以生存。三角洲被称为鸟和动物的"天堂"，是欧、亚、非三大洲候鸟的集散地，也是欧洲鸟类最多的地方。

多瑙河三角洲还是垂钓的好地方，这里鱼的种类繁多，有鲟鱼、鲢鱼、鲤鱼、梭子鱼等20多种，年产量占罗马尼亚全国的70%，被称为是"永不枯竭的渔场"。此外，三角洲2/3的面积为芦苇所覆盖，共约30万公顷，是世界上最大的芦苇产地之一。

"圆舞曲之王"约翰·施特劳斯的《蓝色多瑙河》，用音乐描绘了多瑙河的奇妙美景，使全世界的人们都对这条河着了迷，这也为多瑙河地区平添了几许浪漫色彩。

多瑙河三角洲

非洲
AFRICA

埃及 | Egypt

异域剪影

英语中的"埃及"一词是从古希腊语演化而来的。埃及横跨亚非两大洲,分为上埃及(埃及南部地区,位于尼罗河上游沿岸)与下埃及(埃及北部地区,尼罗河三角洲)。埃及是四大文明古国之一,古代历史分为古、中、新三个王国。政权的不稳定,使它在公元纪年之前的3000年中更换了30个王朝。古埃及人民创造了辉煌的埃及文化,留下了众多的名胜古迹,其中金字塔、狮身人面像举世闻名,此外还有很多壮观的神庙。

自公元前6世纪,波斯征服埃及后,埃及就长期为外来民族所统治。公元7世纪时,阿拉伯人的入侵是决定性的,埃及从此被阿拉伯化,成为一个完全的伊斯兰国家。现代的埃及国家综合实力较强,是阿拉伯世界的领袖国家之一。

底比斯古城及其墓地

名片快递

中文名称	底比斯古城及其墓地
英文名称	Ancient Thebes with its Necropolis
入世时间	1979年
遗产类别	文化遗产
遴选标准	C（i）（iii）（vi）

世界遗产委员会评价：

　　古城底比斯是古埃及中世纪和新王国时代的首都，是供奉阿蒙神之城。卡纳克和卢克索的神庙和宫殿、国王陵墓谷地和王后陵墓谷地是著名的遗迹。底比斯城是古埃及高度文明的历史见证。

全景素描

　　在埃及古王国时期，底比斯是一个不大的商道中心。通往西奈半岛和彭特的水路、通往努比亚的陆路，都要经过底比斯。底比斯的兴盛跟阿蒙神联系在一起。公元前2134年左右，埃及第11王朝法老孟苏好代布定都底比斯，又将阿蒙神奉为"诸神之王"，成了全埃及最高的神，从此开始在底比斯为阿蒙神大兴土木，建造神殿。直到公元前27年，底比斯被一场大地震彻底摧毁时止，在2000多年的漫长岁月里，底比斯在古埃及的发展史上始终起着重要作用。

　　底比斯曾是一座被荷马称为"百门之都"的大都市。据史书记

卡纳克神庙

载,当时的底比斯城门多达百座,人烟稠密,城市繁华。底比斯是一座充满神奇色彩的古城,它的兴衰是整个古埃及兴衰的一个缩影。城区内曾建有法老的宫殿、贵族大臣的官邸、两座阿蒙神庙,以及众多的街道店铺,但这些建筑如今已荡然无存。底比斯的东岸,是古埃及长期的宗教、政治中心,主要建筑有卡纳克神庙和卢克索神庙。底比斯的西岸,则是王室陵墓所在地帝王谷和王后谷,这是法老及其王后们死后的安息之所。

卡纳克神庙在底比斯东北,占地25公顷,坐落在一条东西走向的中轴线上,西面是主神殿。中轴线上有许多小神殿,其间约有10个塔门和庭院、门楼及著名的圆柱殿。塔门也很宏大,比如其中有一座宽113米、高46米、厚达15米。圆柱殿本身长103米,宽51.8米,共有134根巨石柱,据说石柱截面上可站立100人。在塔门、圆柱和各处墙壁上,通常绘有各色绘画或刻以浮雕作为装饰,还配以铭文。其题材从奇花异草、各种动物,到历史大事乃至王公贵族和普通人民的生活都有。

卢克索神庙是为祭奉太阳神阿蒙而修建的,主要工程由古埃及声名显赫的拉美西斯二世完成。卢克索神庙长260米,宽50米,由塔门、拉美西斯庭院、一个大厅和侧厅组成。神庙的入口是一座高大的塔门,塔门前耸立着两尊高14米的拉美西斯二世的巨大石雕坐像，塔门前有一座高高的方尖碑。塔门上有描绘当时节日景象和反映拉美西斯二世征战场面的浮雕。拉美西斯庭院四周三面是柱廊，北面入口的柱廊由两排共14根柱子组成，柱顶呈绽开的伞形花序，十分典雅。

尼罗河西岸群山是古埃及帝王后妃和达官贵族墓葬集中之地。在沿尼罗河谷地边缘山崖长达数十公里的地带布满数以千计的古墓，这些墓穴都依山开凿。在山崖与河岸之间是各代法老建造的自祭庙。位于山崖背后的一个荒凉的山谷里是法老木乃伊的秘密墓室，为公元前550年—前200年间古埃及第18王朝至第20王朝的王室陵墓，共计有新王国的62位法老长眠于此，故称为"帝王谷"。"帝王谷"的法老墓有的洞穴深入地下100多米，墓道起伏曲折，左右各有厅室，四壁和顶部绘着彩色壁画并配有象形文字，贵族墓中许多反映古埃及人生活和信仰的壁画有极高的历史价值。

孟菲斯及其墓地金字塔

名片快递

中文名称	孟菲斯及其墓地金字塔
英文名称	Memphis and its Necropolis-the Pyramid Fields from Giza to Dahshur
入世时间	1979年
遗产类别	文化遗产
遴选标准	C（i）（iii）（vi）

世界遗产委员会评价：

　　这处非凡的墓葬群遗址坐落在古埃及王国首都的周围，包括岩石墓、石雕墓、庙宇和金字塔。这处遗址被认为是古代世界七大奇迹之一。

全景素描

　　公元前3000年左右，第一王朝的国王美尼斯统一全国，奠定了奴隶制中央集权国家的基础。他在上、下埃及的交界处建立了一座名叫白城的首都，这就是后来的孟菲斯。孟菲斯为第三王朝时期的约瑟王所建。他的谋士和当时的建筑师霍特普使尼罗河的河道向东及上游方位改道，获得了孟菲斯城的80平方公里的建筑用地。约瑟王在建造这个城市的同时还建造了自己的陵寝，两者平面布局几乎一致，均为南北走向。约瑟王的这一陵墓约达5.8平方公里，与孟菲斯城内城的面积也正好相等。

　　金字塔是古埃及法老的陵墓，因上窄下宽，像汉字中的"金"字而得名。到目前为止，金字塔尚存70余座，其中最大的一座是耸立在开罗附近尼罗河西岸吉萨的胡夫大金字塔，建于公元前4500年左右。古希腊历史学家希罗多德在公元前5世纪曾实地考察过它，据他提供的资料，建造胡夫金字塔用了30年时间，建造时驱使奴隶每10万人为一批，每批服役3个月。

　　胡夫大金字塔由230万块每块均重2.5吨的石灰岩堆砌而成。奇怪的是，这些石头之间并没有诸如水泥之类的黏着物，仅仅是拼合在一起，而它们的表面接缝处却紧密得连一张薄纸也塞不进去。该金字塔塔高146.6米，乘上10亿，相当于地球到太阳间的距离；塔高的2倍除以塔底面积，等于圆周率；穿过大金字塔的子午线，正好把地球上的陆地和海洋分成相等的两半。这些数字令人感到不可思议。

　　胡夫大金字塔旁的斯芬克斯狮身人面像也是古埃及文明的代表性遗

迹。像高22米，建于4500年前。由于长年风化剥蚀，狮身人面像不断遭到损坏，如何挽救这一举世闻名的古迹，现已受到普遍关注。

伊斯兰城市开罗

名片快递

中文名称	伊斯兰城市开罗
英文名称	Islamic Cairo
入世时间	1979年
遗产类别	文化遗产
遴选标准	C（i）（v）（vi）

世界遗产委员会评价：

　　世界上最古老的伊斯兰城开罗隐落在现代开罗城区的中心。它建于公元10世纪，以著名的清真寺、土耳其式浴室和美丽的喷泉成为当时伊斯兰世界的新中心。它的黄金时代一直持续到14世纪。

全景素描

　　开罗是埃及首都，非洲第一大城。它位于尼罗河三角洲顶点以南14公里的尼罗河畔。开罗历史悠久，有"千年古都"之称。公元642年初建时，开罗仅是一个村镇；公元969年阿拉伯帝国法蒂玛王朝征服埃及，定开罗为国都；13世纪后发展成为全国贸易和文化中心。开罗城内及周边地区古迹众多，最著名的是吉萨的金字塔和狮身人面像，此外还有著名的收藏埃及5000年历史文物的宝库——埃及博物馆。

开罗城区中现代文明与古老传统并存。东部的旧城区富于阿拉伯色彩，街巷狭窄而曲折，有王宫、城堡等古代建筑。由于埃及是个伊斯兰国家，穆斯林占全国人口的80%以上。伊斯兰教清真寺遍布全国城乡，光开罗就有伊斯兰教清真寺250多座。迄今高耸于开罗的最古老的清真寺尖塔，是于公元724年建造的。宣礼塔则更是数以千计，蔚为壮观，它们高耸的尖塔随处可见，故开罗又有"千塔之城"的称誉。

法蒂玛王朝时期，开罗兴建了为数众多、风格独特的清真寺，其中爱资哈尔清真寺最为名声显赫。它不仅是一座供善男信女祈祷的寺院，而且从公元975年起，就成为各地穆斯林学习教律的学校，是全世界最古老的一所伊斯兰大学，而且至今仍是伊斯兰世界最负盛名的最高学府之一。

另外，艾克马尔清真寺以其美丽的雕刻著称于世。沙利赫塔拉伊阿清真寺因建于3米高的台地上而获"空中寺"之名。穆罕默德·阿里清真寺气势宏伟，建于开罗全城最高点萨拉丁城堡上。萨拉丁城堡则屹立于城郊穆卡塔姆山麓，系11世纪埃及国王萨拉丁为抗击十字军的侵略而建。穆罕默德·阿里清真寺巨大的圆顶和高耸入云的尖塔成为开罗的象征。

西部的新城区主要在旧城和尼罗河之间，以现代化建筑为主，具有当代欧美的建筑风格。

突尼斯 | Tunis

异域剪影

"突尼斯"一词由腓尼基人崇拜的守城女神名演变而来。突尼斯是北非最小的国家,紧锁地中海最窄部位,距意大利西西里仅 220 公里,战略位置极重要,被称为"欧洲的钥匙"。

突尼斯国民绝大多数是穆斯林,除了数千名居住在杰尔巴岛的异教徒外,均属于正统的伊斯兰逊尼派教徒。突尼斯穆斯林一直以对非伊斯兰教徒的宽容著称,尽管伊斯兰教被奉为国教,但宪法保障宗教信仰自由。

突尼斯国家虽小,但其丰富的历史文化使之成为一个万花筒,这里有古老的迦太基人遗址,有古罗马帝国遗存的竞技场,游客们还可领略从北部地中海海滩到南部撒哈拉沙漠的独特风光。

迦太基考古遗址

名片快递

中文名称	迦太基考古遗址
英文名称	Site of Carthage
入世时间	1979年
遗产类别	文化遗产
遴选标准	C(ii)(iii)(iv)

世界遗产委员会评价：

　　迦太基毗邻突尼斯湾，始建于公元前9世纪。自公元前6世纪，迦太基逐步发展成为一个强大的贸易帝国，也创造了一段辉煌的文明，其领土曾扩展到地中海大部分地区。在漫长的布匿战争中，迦太基占领了罗马的领土，但最终于公元前146年被罗马打败。第二个罗马迦太基城建立在古迦太基的废墟之上。

全景素描

　　迦太基古城遗址位于突尼斯首都突尼斯城东北17公里处，濒临地中海，扼守突尼斯海峡，据东西地中海要冲，是世界上最著名的古城遗址之一，占地300多公顷。该城最早系公元前814年由腓尼基人兴建，比罗马城的建立还早61年。

　　从公元前9世纪开始，迦太基城成为奴隶制强国迦太基的都城，盛极一时，是当时地中海地区的文明中心之一。公元前3世纪，罗马与迦太基发生激烈争夺，从公元前264年开始，双方先后进行了三次布匿战争，到公元前146年以迦太基战败而告终。迦太基城遭罗马军烧毁，夷为废墟。现在所看到的迦太基古城遗址，是罗马人在公元前146—公元439年占领时期重建的。从残存的剧场、公共浴室和渡槽等遗迹可知当时工程之浩大、设计之精美。

安东尼公共浴池紧靠海边，为公元2世纪罗马皇帝安东尼时期所建。洗澡在古罗马人的生活中占有重要的位置，公共浴室已经成为他们不可缺少的去处。安东尼浴池的用水是从60公里以外的扎古旺通过渡槽引来的。长龙般的渡槽，形成气势宏伟的人工"天河"，至今还残存数段。可蓄水3万立方米的贮水池，至今仍在使用。

古城中还有一座基督教堂遗址，是突尼斯境内最早的基督教堂。发掘出的腓尼基时代的遗物大多是坟墓、石棺、墓葬品等。

宏伟壮丽的罗马剧场，坐落在一座公园的小山上。这是依山势而建的露天剧场。石头砌就的观众席共有21级，把整个舞台围住，在任何一个座位上，观众都可以清晰地听到舞台上的歌声和台词，看到舞台上演员的表演。古罗马剧场经过修复，保存得很完整。突尼斯政府每年都要在这里举办迦太基"国际联欢节"。

此外，迦太基城遗址还有宏伟的竞技场和古老的迦太基神庙等遗迹。为了保存古城残存下来的遗物，突尼斯政府在迦太基新建了一座博物馆。馆内保存并陈列着大量珍贵的历史文物，尤其是古罗马的镶嵌画，更是举世闻名。

赞比亚 | Zambia

异域剪影

赞比亚国名源于赞比亚河。"赞比亚"非洲土语意为"大河"。赞比亚是内陆国家，位于非洲中南部，境内大部分为海拔1000~1500米的高原，河湖众多，水网稠密。

20世纪20—30年代，作为英国保护国的赞比亚因采矿业逐渐繁荣，吸引了大量移民。1964年，赞比亚独立。赞比亚80%的国民信仰原始宗教，其余则信奉基督教新教和天主教，以及伊斯兰教。

赞比亚旅游资源较丰富，有世界著名的莫西奥图尼亚（维多利亚）大瀑布，世界第三大瀑布卡兰博瀑布，世界最大的人工湖之一卡里巴湖，以及卡富埃国家公园等19个国家级野生动物园。

维多利亚瀑布

名片快递

中文名称	莫西奥图尼亚/维多利亚瀑布
英文名称	Mosi-oa-Tunya/Victoria Falls
入世时间	1989年
遗产类别	自然遗产
遴选标准	N（ii）（iii）

世界遗产委员会评价：

这是世界上最壮观的瀑布之一。位于赞比西河上，宽度超过2公里，瀑布奔入玄武岩海峡，水雾形成的彩虹远隔20公里以外就能看到。

全景素描

维多利亚瀑布位于南部非洲赞比西河中游，跨赞比亚、津巴布韦国界，是世界最大的瀑布之一，著名的游览胜地。赞比亚当地人称它为"莫西奥图尼亚"，而津巴布韦则称"曼吉昂冬尼亚"，但意思均为"声若雷鸣的雨雾"。

最早发现这个大瀑布的欧洲人，是英国传教士利文斯敦。他在1855年11月16日来到这里，发现了这壮观的瀑布，于是以当时英国女王的名字，

迦太基城遗址

将它命名为维多利亚瀑布，并感慨地描写说："那些倾泻的急流像无数曳着白光的彗星朝一个方向坠落，其景色之美妙，即使天使飞过，也会回首顾盼。"1964年10月24日，赞比亚独立后，恢复了它原来的名字——莫西奥图尼亚瀑布，但"维多利亚瀑布"之名更为世人所知。

维多利亚瀑布所在的峡谷区是赞比西河上最大的天堑，宽阔的赞比西河滔滔东流，至此急骤南折，从岩石顶端倾泻而下，形成急流飞瀑。维多利亚瀑布高达106米，宽达1600米，年平均流量每秒1400立方米，雨季流量可达每秒5000立方米。汛期河水猛增，急流从矗立的悬崖上奔腾而下，飞瀑的水帘，犹如雪浪翻滚。飞流奔涌至谷底，发出雷鸣般的响声，方圆几十里都能听到那震天动地的轰鸣。

由于赞比西河中岩石岛的分隔，使得维多利亚瀑布的瀑面上部被分隔为五股急流同时下跌，自西往东分别称为魔鬼瀑布、主瀑布、马蹄瀑布、彩虹瀑布和东瀑布。这五股急流，犹如飞龙互相翻腾缠绕，在飞瀑下部连成一片，浑然一体，恰似一幅银色巨幕，悬挂天际。

在大瀑布的南壁东侧，有一条南北走向的峡谷，把南壁切成东西两段。峡谷宽仅60余米，整个赞比西河的巨流就从这个峡谷中翻滚呼啸狂奔而出。峡谷的终点被称为"沸腾锅"，水流形成的无数深邃的旋涡，宛如沸腾的怒涛，在天然的大锅中翻滚咆哮。

南壁的两段，称雨林区，与赞比西河西岸相连，长满绿树青草。大瀑布的水沫腾空几百米高，使这个地区充满水雾。那四周峰崖上的树木被洗得一尘不染，显得生机盎然，常年郁郁葱葱。

瀑布所注入的深潭下方，有一座联结两岸的铁路公路两用铁桥，桥宽2米多，跨长约30米，全长197余米，距水面高102米，建于1905年。桥中央有一道白线，为赞比亚和津巴布韦的国界线。此桥是观看维多利亚瀑布最好的地方。有了这座桥，尽管四壁是悬崖险谷，人们仍然信步遨游深潭之上，凭栏俯望翻腾咆哮的河水。

津巴布韦 | Zimbabwe

异域剪影

"津巴布韦"在班图语和当地绍纳语中意为"石头城"。津巴布韦是一个内陆国家，位于非洲南部，北与赞比亚毗邻，东北和东与莫桑比克接壤，南与南非交界，西南和西与博茨瓦纳相接。主要地形特征为一条从西南到东北的宽阔山脊，称为高草原，中央山脊两侧是称为中草原的广阔草原，西北和东南两端为低草原。

非洲传统信仰在津巴布韦居于主导地位。许多人信仰泛灵论，且非常重视祖先崇拜。一些人则把基督教和传统信仰结合起来。

津巴布韦是一个美丽的国家，壮观的维多利亚大瀑布、神奇的野生动物、中世纪的大津巴布韦遗址、土著风情与美食等均充满独特魅力。

大津巴布韦遗址

名片快递

中文名称	大津巴布韦遗址
英文名称	Great Zimbabwe National Monument
入世时间	1986年
遗产类别	文化遗产
遴选标准	C（i）（iii）（vi）

世界遗产委员会评价：

据一个古老的传说，大津巴布韦遗址是希巴皇后的首府，在11到15世纪期间，关于绍纳城的班图文化有一段独特的描述。这座城市，面积将近80公顷，在中世纪作为重要的贸易中心而闻名。

全景素描

大津巴布韦遗址是一大片石头建筑群，因此也叫"石头城遗址"，在津巴布韦东南部、维多利亚堡东南27公里处，于1867年被发现。

由于年代久远，这座古城仅剩下一片残垣断壁，但当年石头城的风采雄姿仍然依稀可辨。该城布局协调，浑然一体，湖光山色，风景秀丽。遗址为一片相互联系的建筑群，全部建筑是用90多万块长方体的花岗石砌成，尤其令人惊叹的是这些石块之间，没有用胶泥之类的任何黏结物，而砌缝严密，经历七八个世纪的风雨侵蚀，依然挺拔牢固。在津巴布韦,有数百处这种石头城遗址,但这里的遗址规模最大,建筑水平最高。1981年,在此建立大津巴布韦遗址博物馆。

遗址的建筑群可分为两大部分:一部分是建在一片开阔地带上的一座椭圆形围城,又称为"大围场",是遗址的主体;另一部分是建在一座小石山上的"卫城"。

"大围场"四周是由花岗石砌成的围墙,墙高10米,底部宽度为5米,顶宽为2.5米,长约240米,面积为4600平方米。围墙内还筑有一道内墙,呈半圆形,长约90米。这些椭圆形建筑物都是当年部落酋长们的妻室和随从的居住用房。此外,还有一座著名的圆锥形实心塔,高达15米,这是当年皇室用来祭祀用的石塔。

"卫城"建于一座石壁陡峭、地形险要的小石山上,一道道厚度不同的围墙,依山傍崖,蜿蜒而下。围墙上只开一个能容一人侧身而过的狭窄石门,大有"一夫当关,万夫莫开"之势。从"卫城"上可以俯瞰"大围场"。从遗址的整个布局来看,"卫城"是做防御用的,是护卫"大围场"的屏障。

遗址内曾出土众多古代文物,在发现时文物几乎被洗劫一空。从发掘出来的大量文物看,这里原是一座相当繁华的城市。后来可能由于生产衰落和遭受灾害,被迫迁移而废弃。遗址附近有古代梯田、水渠和水井,还有很大的铁矿坑和炼铁工具,以及铸钱泥范和金银首饰等文物。在一个货栈仓库的遗址中,还发现了中国明代的瓷器。

出土文物中最著名的是一种雕刻在皂石上的石鸟——"津巴布韦鸟",系用淡红色皂石雕刻而成,工艺精巧,造型雄健。如今这种皂石鸟的形象已被画在国旗上,成了津巴布韦人民的骄傲和国家的象征。

埃塞俄比亚 | Ethiopia

异域剪影

"埃塞俄比亚"由希腊语"晒黑的"和"脸孔"两词演变而来，意为"晒黑的面孔"。埃塞俄比亚是非洲东部的内陆国家，位于非洲之角，又称非洲屋脊、高原之国，其历史已逾3000余年。公元4世纪，古代埃塞俄比亚地区改信基督教，主要是基督教一性论。公元675年埃及和努比亚被穆斯林征服后，埃塞俄比亚失去了与基督教世界其他部分的联系。目前信奉正教的基督徒和穆斯林数量持平。

埃塞俄比亚富有原始风情，高原景色非常壮观，处处能够感受到历史的厚重。埃塞俄比亚最著名的拉利贝拉石凿教堂位于首都以北300多公里处，包含11座从五六层楼高的整块岩层中开凿出来的独石教堂，相传始建于13世纪左右，号称"非洲奇迹"。

拉利贝拉岩石教堂

名片快递

中文名称	拉利贝拉岩石教堂
英文名称	Rock-hewn Churches of Lalibela
入世时间	1978年
遗产类别	文化遗产
遴选标准	C（i）（ii）（iii）

世界遗产委员会评价：

在埃塞俄比亚中心地带的山区，坐落着13世纪"新耶路撒冷"的11座窑洞教堂。这些教堂位于一处由环形住宅组成的传统村落附近，用11块中世纪的整块石料敲凿而成。

全景素描

拉利贝拉是埃塞俄比亚沃洛省的一个古老小城，曾是扎格威王朝的首都，旧称罗哈。12世纪时，埃塞俄比亚第七代国王拉利贝拉将罗哈定为国都。拉利贝拉面积宽阔，像一个分散的村落。在这里保存着埃塞俄比亚古老文化的精华——拉利贝拉教堂群。

据说，拉利贝拉曾在梦中得到神谕："在埃塞俄比亚造一座新的耶路撒冷城，并要用一整块岩石建造教堂。"于是，崇信宗教的拉利贝拉下令招募全国有名的能工巧匠来凿刻神庙。为了表示对上帝的虔诚，他规定不得使用胶结物质。当时最负盛名的建筑大师锡迪·梅斯方尔率领工匠，在海拔2600米的岩石高原上，开始了这浩大的工程。他们先剥掉覆盖在岩层上的厚厚的土层，然后在四周垂直往下凿开12至15米深的巨大陡峭的井筒，形成一方巨型石块，最后在石块上凿空并雕刻教堂的内部结构和装饰。所有石刻教堂没有使用一点灰浆、黏土等黏合剂料。最后，他们花了24年的时间，在埋于地下的五六层楼高的整块岩石中开凿出11座石刻教堂，以国王的名字命名为拉利贝拉。

这11座教堂是在不同颜色的岩石上开凿的，大小各不相同，建筑式样也各有特点，但都有古老的阿克苏姆（埃塞俄比亚的另一座古城）式的石碑尖顶、凿空雕成的内部结构和装饰，如石柱形走廊、镂空透雕的门窗以及塑像、浮雕和祭坛等。11座教堂之间由地下过道和岩洞系统相互沟通。

拉利贝拉独石教堂中最大的一座是耶稣基督教堂，它是在红色岩石上开凿成的，长33米、宽23米、高11米，精雕细刻的飞檐由34根方柱支撑，屋顶呈石碑形。这是埃塞俄比亚唯一一个有五个中殿的教堂。

与耶稣基督教堂相邻的圣母玛利亚教堂面积稍小，高度为9米。墙上的窗户为阿克苏姆风格，里面有三个中殿。该教堂的内部建筑艺术最为精美，天花板和拱门上都有用红、黄、绿等颜色绘成的几何图形和动物形象，以及按福音书描绘耶稣和玛丽亚生活场景的壁画，但大多均已损坏。专家认为这些绘画可追溯到扎拉·雅各布国王（1434—1465年）统治时期。

圣乔汉教堂是拉利贝拉唯一被凿成十字架的教堂，从上方观看，就像一个大而厚的十字架放在地上。该教堂地基很高，里面既无绘画，也无雕塑，因为这些东西会转移人们对其和谐而简单的线条的注意力。

拉利贝拉国王去世后，这里的王府及周围土地遂归国家基督教堂所有。在后来的几个世纪中，这个地区由于远离城市，又被茂密的森林所

拉利贝拉岩石教堂

包围，因而逐渐与世隔绝，被世人所遗忘。直到1974年，埃塞俄比亚这一民族文化古迹才重见天日，被人称为"非洲奇迹"。

拉利贝拉也因为这些独特的教堂建筑，成了埃塞俄比亚人心目中的圣地。每年1月7日的埃塞俄比亚圣诞节，信徒们都会汇集于此，举行朝拜活动。

坦桑尼亚 | Tanzania

异域剪影

坦桑尼亚因国土主要由坦噶尼喀和桑给巴尔两部分组成而得名。"坦噶尼喀"班图语意为"百川归海之地",即指坦噶尼喀湖。坦桑尼亚位于非洲东部,赤道以南,境内东部有非洲最高峰乞力马扎罗山。世界第二大淡水湖维多利亚湖、世界第二大深湖坦噶尼喀湖、世界第四大深湖马拉维湖等非洲最著名的湖泊都集中于此。

坦桑尼亚是非洲旅游王国,野生动物资源丰富,1/3 的国土是国家公园、动物和森林保护区。全国共有 12 个国家公园、19 个野生动物保护区和 50 个野生动物控制区。著名旅游景点有塞伦盖提国家公园、恩戈罗恩戈罗国家公园、马尼亚腊湖、米库米动物园和乞力马扎罗山、东非大裂谷等。

乞力马扎罗国家公园

名片快递

中文名称	乞力马扎罗国家公园
英文名称	Kilimanjaro National Park
入世时间	1987年
遗产类别	自然遗产
遴选标准	N（iii）

世界遗产委员会评价：

　　乞力马扎罗山是非洲的制高点，是一个火山丘，有5963米高，矗立在周围的草原之上，它那终年积雪的山顶在大草原上若隐若现。乞力马扎罗山四周都是山林，那里生活着众多的哺乳动物，其中一些还是濒于灭绝的种类。

全景素描

　　乞力马扎罗山位于坦桑尼亚东北部，是非洲的最高峰，被誉为"非洲屋脊""非洲大陆之王"。此山海拔5963米，在茫茫无边的大平原上拔地而起，气势雄伟。山麓地处赤道，气候酷热，温度最高可达59℃；而峰顶温度常在零下34℃，终年冰雪覆盖，有"赤道雪峰"之称。

　　乞力马扎罗山在斯瓦希利语中是"光辉的山"的意思。平时山峰云雾缭绕，给人以神秘莫测之感。而一旦云开雾散，冰清玉洁的山顶在赤道骄阳的照耀下，又呈现出五彩缤纷的奇景。此山是一座死火山，活动期大致距今200万—300万年。它的顶部有直径2400米、深200米的火山口；有11公里长的鞍状山脊与马温齐峰（海拔5149米）相连。附近有许多生火山堆。它的熔岩包括玄武岩、霞岩、碧云岩及粗面玄武岩等。

乞力马扎罗山具有生长热、温、寒三带作物的不同气候条件。在海拔1000~2000米的南坡，有谷物、咖啡、香蕉种植园；2000米以上的植被是互相错杂的草原和小林，再上为山地森林；在3000米处，森林即为高大菊科植物组成的草原所代替；在海拔4800米以上的顶部则是终年白雪皑皑的"赤道雪峰"。这种种奇特、壮丽的景色和如此巨大、鲜明的反差，使乞力马扎罗山显得格外神秘迷人。

乞力马扎罗山

美洲
AMERICA

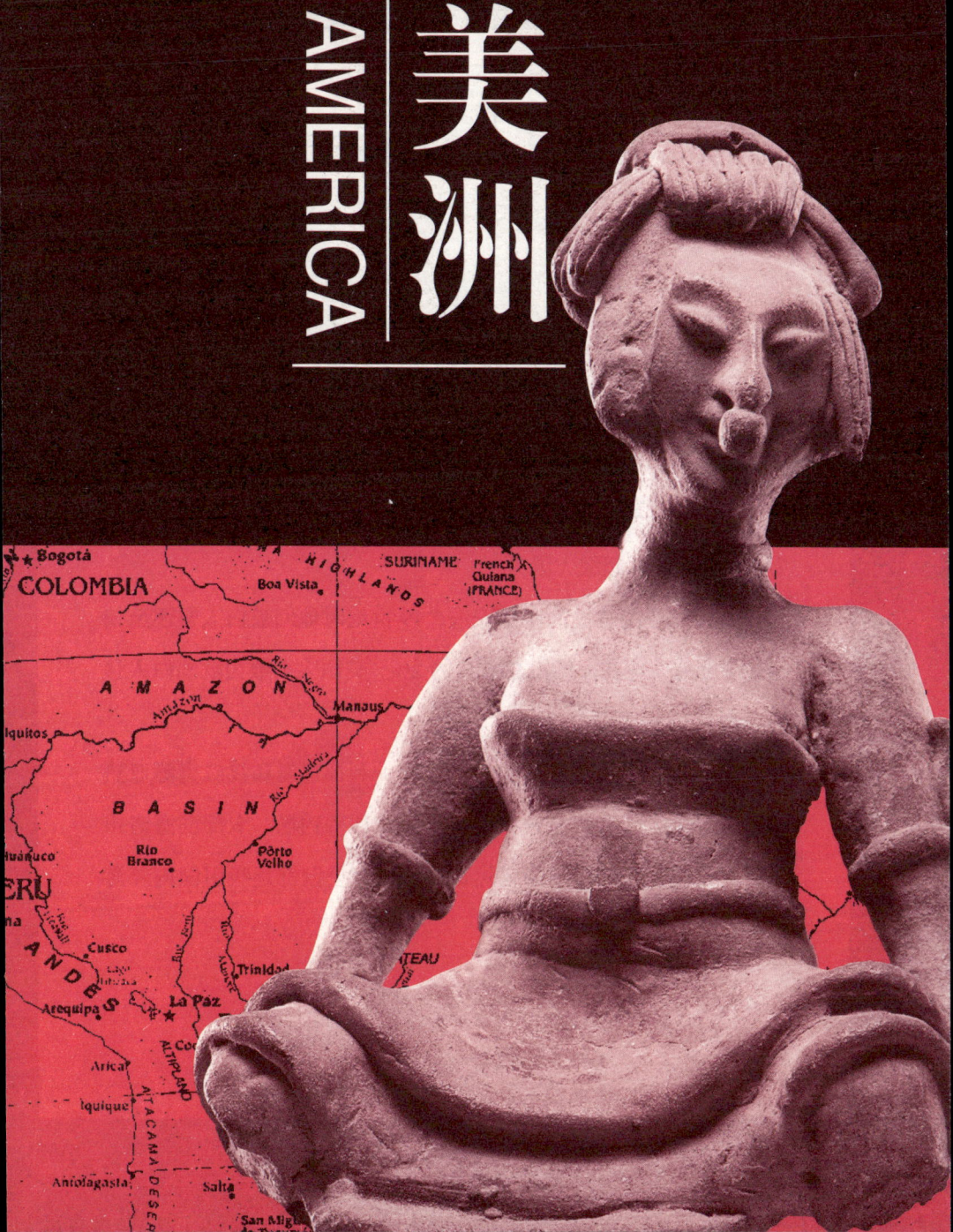

美国 | America

异域剪影

美国国土面积居世界第四位，幅员辽阔，且不像中国那样人口密集，也不像俄罗斯或加拿大很多领土处于气候恶劣的北极地区。除了美洲西北角的阿拉斯加和太平洋中部的岛州夏威夷，美国领土几乎都处在加拿大和墨西哥之间。苏联解体之后，美国成为世界上唯一的超级大国。

美国的原始住民为印第安人，19世纪时他们被白人驱逐至偏远贫瘠之地，现在大约占总人口的2%。美国人多数为欧洲白人移民后裔。

美国旅游业集中在佛罗里达、南加利福尼亚和夏威夷等亚热带和热带地区，这些地方有极佳的海滩和垂钓场。东部滨海诸州的历史古迹、西部诸州的自然奇观和国家公园都是吸引国内外游客的重要资源。

大峡谷国家公园

名片快递

中文名称	大峡谷国家公园
英文名称	Grand Canyon National Park
入世时间	1979年
遗产类别	自然遗产
遴选标准	N（i）（ii）（iii）（iv）

世界遗产委员会评价：

　　位于亚利桑那州的大峡谷国家公园中的大峡谷深1500米，分割了科罗拉多河，是世界上最壮观的峡谷。它的地质构造可以追溯到20亿年前，同时它也保留了大量的人类适应当时恶劣环境的遗迹。

全景素描

　　大峡谷国家公园位于美国亚利桑那州西北部，总面积达2724平方公里，科罗拉多河流过谷底，因此又称科罗拉多大峡谷。大峡谷的景色极为壮观，被誉为"世界上最雄伟的奇景"。1903年，美国总统罗斯福就讲道："大峡谷使我充满了敬畏，它无可比拟、无法形容，在广阔的世界上绝无仅有。"

　　大峡谷蜿蜒曲折，危崖壁立，高达几百米，到处沟壑纵横，气势雄伟。由于崖壁地质年代、软硬程度不同，峡谷的两壁被流水雕琢出许多奇峰怪石和千姿百态的洞穴。这些大自然的杰作，按照它们的形态风格被冠以带有神话色彩的名称，如"月亮神殿""阿波罗神殿""婆罗门庙"等。

更为奇特的是，由于大峡谷的岩层颜色各异，随着年代、季节、晨昏、阴晴的变化，山色变幻无穷。天晴时，峡谷一会儿呈紫红色，一会儿呈红色，一会儿又呈黄色、蓝色、白色；而在阴霾的日子，大峡谷像是被紫色的烟雾所笼罩。

大峡谷的悬崖峭壁由各种代表不同地质年代的岩石叠成，如同亿万卷图书层层叠叠构成的曲线图案，使大峡谷获得了"天然的地质博物馆"的美誉。它们向人们揭示着大峡谷地区20多亿年来"高岸为谷，深谷为陵"的沧桑巨变。

大峡谷的奇特之处还表现在南北两岸气候的巨大差异。仅一水之隔的南北两岸地形不同，南岸大部分地区海拔1800~2100米，比北岸低300~600米；北岸年降水量可达700毫米，而南岸降水只有北部的一半。冬季北岸大雪纷飞，麋鹿成群，南岸却温暖如春。真是"隔水相望，冷暖旱湿两重天"。大峡谷国家公园内还有多种野生动物和植物，珍贵动物约90余种，植物有仙人掌、罂粟、云杉、冷杉等。

据考古发现，早在4000年前，大峡谷地区就有人类活动。13世纪，这里就居住着印第安人。1540年，西班牙一支远征队到达大峡谷，成为第一批来到这里的白人。现在，每年有数百万游人，或骑马沿着崎岖小路到谷底深处寻幽览胜，或坐筏子在科罗拉多河上随波逐流，或站在悬崖或吊桥上，将科罗拉多河奇丽无比的万千气象尽收眼底。

大峡谷国家公园

自由女神像

名片快递

中文名称	自由女神像
英文名称	Statue of Liberty
入世时间	1984年
遗产类别	文化遗产
遴选标准	C（i）（vi）

世界遗产委员会评价：

　　自由女神像由法国雕塑家巴托尔蒂和古斯塔夫·埃菲尔（他负责雕像的钢架）共同完成，这个象征着自由的雕塑是法国于1886年赠送给美国的，以祝贺美国独立100周年。从那时至今，这个矗立在纽约港口的自由女神已经迎来亿万个到美国的移民。

全景素描

　　1878年，美国独立100周年。为表示对这一盛大节日的祝贺，法国人决定集资向美国赠送一件富有意义的礼物。他们委托雕塑家奥古斯特·巴托尔蒂设计一件大型雕塑品。

　　巴托尔蒂是位热情的爱国者，曾积极为自由与共和制而奔走呼号。拿破仑·波拿巴发动政变，推翻第二共和国的那一天，巴托尔蒂在巴黎街头，目睹了一个令他终生难忘的景象：一位少女手擎火把，高喊着"前进"，跳越过路障。波拿巴的士兵朝着这位年轻的少女开枪射击，那位少女应声倒地身亡。从那以后，那位高擎火把、不知名的少女就成为他心目中争取和平自由的象征。

巴托尔蒂接受了这一光荣使命后，经过反复考虑，决定为美国人民雕塑一尊自由女神像。他选择了一位名叫珍妮的少女为"自由女神"的形体模特，而"自由女神"的脸孔则是请他母亲做模特。神像下面的铁架结构由工程师古斯塔夫·埃菲尔来完成，后者也正是闻名于世的埃菲尔铁塔的设计者。经过巴托尔蒂与埃菲尔两位天才的精心合作，一个震惊世界的杰作终于问世了。1875年，雕像初具雏形，这年11月，法国总统及美国驻法大使观摩了这尊雕像模型。在美国独立100周年的纪念会上，巴托尔蒂展出了自由女神的擎火把的手臂，美国观众看到后无不为之惊叹。

1886年10月28日，自由女神像最终在大洋彼岸落成揭幕。美国总统克里夫兰致辞后，随着雷鸣般的掌声，"自由女神"向人们展露了庄严肃穆的笑容。纽约港口岸边顿时欢声雷动，鼓乐齐鸣，气氛极为热烈。

自由女神像头戴桂冠，身披长袍，左手紧握美国独立宣言，右手高擎火炬，巍然屹立在纽约湾的自由神岛上，两眼安详地注视着前方。她身高46米，连基座92米，重达225吨，仅她高高举起的右手的食指就有2.45米长，是世界上最大的塑像。火炬顶部的瞭望台可以宽裕地容下15个人。塑像体内共有22层，168级台阶，内部的电梯可以开到10层，接着游人还可循梯直登巨像冠部，极目远望。

现在，自由女神像已经屹立在美国纽约湾100多年，经受过无数次狂风与暴雨的洗礼，目睹了美国社会的风云变幻与荣辱兴衰，已成为美国的骄傲和象征。

黄石国家公园

名片快递

中文名称	黄石国家公园
英文名称	Yellowstone
入世时间	1978年
遗产类别	自然遗产
遴选标准	N（i）（ii）（iii）（iv）

世界遗产委员会评价：

在辽阔的怀俄明州自然森林区内，黄石国家公园占地约9000平方公里。在那里可以看到令人印象深刻的地热现象，同时还有3000多眼间歇泉、喷气孔和温泉。黄石国家公园建于1872年，它还以拥有灰熊、狼、野牛和麋鹿一类的野生动物而闻名于世。

全景素描

黄石国家公园位于美国怀俄明、蒙大拿和爱达荷三州交界处，占地近9000平方公里。1872年被辟为国家公园，是世界上设立最早、规模最大的国家公园，以自然风光雄奇美丽而著称于世。从这里发源的黄石河下切形成的黄石峡谷，穿越公园北部，深约400米，宽约500米，十分壮观。峡谷两侧崖壁呈橙黄至橘红色，在日光照耀下，异彩纷呈，黄石国家公园之名亦得于此。

黄石国家公园内林木繁茂，到处是茂密的天然森林，森林占总面积

老忠实间歇泉

的90%左右，其余为水面，如黄石湖和黄石河等。森林为各种野生动物提供了栖息的场所，如较大的哺乳动物有麋鹿、黑熊、驼鹿、大角羊、美洲小狼等，林中湖边有许多林鸟和水禽，共同组成了一个完整的生态系统。

在黄石公园的湖光山色中，最独特的风貌是被称为奇观的间歇喷泉。全园有300多处间歇喷泉，占全世界间歇喷泉的50%以上。还有近10000个温泉和喷气孔，堪称世界最大、最丰富多彩的地热活动区。其中，"老忠实喷泉"最为著名，它每隔50分钟左右喷射一次，每次喷发可持续2~5分钟，喷出的滚热水柱高达27~54米，堪称世界奇景。80多年来一直准时无误，故得此名。在寒冬与晨风料峭中，热水遇冷空气凝成白色云柱，如巨簇银花，蔚为壮观。此外，公园内还有各具特色的"狮吼喷泉""河边喷泉"等。

园内无数的温泉四周都有色彩艳丽的深潭，"大光谱泉"中央呈蔚蓝色，周围则呈黄、橙、金、棕、绿等颜色。最为壮丽的是"大温泉"，泉水沿台地逐级流淌，整个山坡就像一个漂亮的结婚蛋糕，堆金积玉，晶莹剔透。由黑曜石悬崖构成的玻璃岩体，质地透明，光彩夺目。园内还有美国最大的高山湖泊——黄石湖，游客泛舟其上，别有情趣。黄石公园的景色使每一个身临其境者惊叹不已，它是大自然独具匠心的杰作。

秘鲁 | Peru

异域剪影

"秘鲁"古印第安语意为"玉米之仓",当时其农作物主要为玉米,故名。秘鲁是南美第三大国,位于南美洲西部,西濒太平洋,世界第二高山安第斯山脉由西北向东南横贯秘鲁中央。秘鲁是印加帝国的故乡。16世纪30年代,西班牙人征服印加帝国。19世纪20年代,秘鲁赢得独立。

秘鲁人享有完全的宗教自由,天主教占绝对主导地位,新教、犹太教徒和其他宗教信仰的人不到总人口的2%。在信仰程度上,妇女往往比男子虔诚,而在社会底层,人们逐渐把正统天主教与迷信、民间宗教以及巫术融合。

秘鲁是美洲文明发祥地,以其璀璨悠久的古代文化闻名遐迩。印加帝国留下许多神奇的现代科学无法解释的遗迹,更为其增添重重神秘色彩。

纳斯卡和胡马纳草原的线条图

名片快递

中文名称	纳斯卡和胡马纳草原的线条图
英文名称	Lines and Geoglyphs of Nasca and Pampas de Jumana
入世时间	1994年
遗产类别	文化遗产
遴选标准	C（i）（iii）（iv）

世界遗产委员会评价：

纳斯卡和胡马纳大草原在利马以南约400公里，位于秘鲁海岸的干旱草原上，占地约450平方公里。这些线条图大约刻于公元前500年到公元500年之间，就其数量、自然状态、大小以及连续性来说，它们是考古学中最难解开的谜团之一。有些线条图描述了活着的动物、植物、幻想的形象，还有数公里长的几何图形。这些物品被认为是用于与天文学有关的宗教仪式。

全景素描

在秘鲁共和国西南沿海伊卡省的东南隅，有一座名叫纳斯卡的小镇。这座小镇稀稀疏疏地散居着近百户人家，他们祖祖辈辈以捕鱼为生，过着一种与世隔绝的生活。这座小镇的东面，是绵延巍峨的安第斯山脉。在它们之间，横亘着一片广袤的荒原，面积约有250平方公里，当地人称作纳斯卡荒原。

纳斯卡荒原和附近的胡马纳荒原布满了由深度一致、宽窄不一的"沟"组成的线条。这些线条的平均深度为0.9米，有的宽达数米，有的不过15厘米，构成了三角形、长方形、平行四边形和螺旋形之类的几何图形。这些几何图形又分别组合成蜥蜴、蜘蛛、章鱼、长爪狗、鹰、蜂鸟等动物以及仙人掌等植物的图案。图案大小不等，小则几百米，大则数公里，最大的占地5平方公里。其中大鹏的翼长50米，鸟的身长300米。另一幅章鱼图案的鱼腹底下还插着一把长刀。

纳斯卡线条

这些奇特的图案如此巨大，致使人们在地面上一般觉察不到它们是镶刻在大地上的一幅幅巨画。更令人惊异的是，这些栩栩如生的图案极为精确地每隔一定距离又重复出现，而且，同类动、植物的形象一模一样。更为奇怪的是，这些印第安巨画在初升的阳光下，竟能借阴影的错综而突现出来，使飞鸟全都显得像展翅欲飞似的。这些景色站在附近山头即可一目了然。但当太阳升高后，巨画又悄然消失，必须在飞机上俯视方能看见。

英国历史学家汉斯·鲍奇在其专著《秘鲁的黄金和上帝》一书中认为，古纳斯卡人相信灵魂不死的观念，荒原图案是他们为了表达对死后天国的想象和憧憬而创作的。

马丘比丘古城

名片快递

中文名称	马丘比丘古城
英文名称	Historic Sanctuary of Machu Picchu
入世时间	1983年
遗产类别	双重遗产
遴选标准	N/C（ii）（iii）/（i）（iii）

世界遗产委员会评价：

马丘比丘古城位于一座非常美丽的高山上，海拔2430米，为热带丛林所包围，是印加帝国全盛时期最辉煌的城市建筑，那巨大的城墙、台阶、扶手都好像是在悬崖绝壁上自然形成的一样。古庙矗立在安第斯山脉东边的斜坡上，环绕着亚马孙河上游的盆地，那里的物产非常丰富。

全景素描

马丘比丘位于秘鲁南部，湍急的乌鲁班巴河岸上，据估计是古印加帝国的古城废墟。西班牙入侵后，该城被废弃，直到300多年后的1911年，才被美国耶鲁大学的历史学教授海勃姆·宾加曼发现。

马丘比丘在当地的意思是"古老的山顶"。马丘比丘古城位于山顶海拔2458米高的悬崖之上，主要用巨大的花岗石砌成，气势磅礴，迤逦

马丘比丘古城

壮观。两侧是高耸的绝壁，绝壁下是水流湍急的乌鲁班巴河，形势十分险要。

古城只有一个供进出的城门，居高临下，形势险峻；古城的街道虽然狭窄，但排列井井有条。城内有用巨石建成的宫殿、寺院、住宅、院落、堡垒和作坊，还有高大的金字塔及太阳神庙。这些建筑星罗棋布，彼此用层叠的石阶相连。房屋均用巨大的石块垒成，没有任何黏合物，但贴合得十分紧密，窗户均呈三角形。最令人惊叹的是发掘出土的表明一天时间的石制日晷，它显示了印加文化当时所达到的较高科学水平。

这座悬立在半空之中的石城是什么时候建成的？没有人知道。更令人惊诧的是，供应石块的采石场，坐落在600米下的山谷里。即使是现在，动用一些现代化的设备：滑轮、绞车、电缆、直升机，想把这沉重的石块运到这高高在上的悬崖绝壁，也是非常困难的，2000年前尚处于刀耕火种原始阶段的印加人是如何做到的呢？此外，人们在废墟的石壁上发现了一些神秘的符号和标记，这些至今还是一个尚未解开的谜。

墨西哥 | Mexico

异域剪影

墨西哥得名于阿斯蒂克人传说中战神的别名墨西特里,"哥"意为"地方","墨西哥"有"墨西特里战神之庙"的意思。墨西哥是拉丁美洲最北部国家,北邻美国,东濒墨西哥湾和加勒比海,西、南临太平洋,是拉美第三大国。有"仙人掌之国""白银王国"的美誉。墨西哥总人口密度很高,地理分布却很不均匀,2/3以上的人口集中在都市区。墨西哥城拥有该国1/5以上的人口,已经成为世界上人口最密集的大都会之一。

墨西哥是一个历史悠久的文明古国,闻名世界的奥尔美加文化、玛雅文化、阿兹特克文化均为墨西哥印第安人所创造。这里留下的大量的文化遗址,使之跻身于世界旅游大国的行列。

奇琴伊察古城

名片快递

中文名称	奇琴伊察古城
英文名称	Pre-Hispanic City of Chichen-Itza
入世时间	1988 年
遗产类别	文化遗产
遴选标准	C（i）（ii）（iii）

世界遗产委员会评价：

　　这个遗址是尤卡坦地方（10—15世纪）玛雅－托尔特克文明中最引人注目的。它包括中美洲建筑中一些最著名的例证，综合了玛雅人的建筑技巧和托尔特克人的雕刻装饰。

全景素描

　　奇琴伊察遗址位于尤卡坦半岛潮湿炎热的低地区，是典型的玛雅和托尔特克遗址。这里曾经是古玛雅帝国最大、最兴盛的城邦，最早建于公元514年。主要的古迹有千柱广场（这些石柱曾支撑巨大穹形屋顶）、库库尔坎金字塔、玛雅人古天文观象台等。其中，库库尔坎金字塔是古代玛雅人非凡智慧的代表。

　　该金字塔位于尤卡坦半岛东北端，建于公元10世纪，它以每年春秋两次出现的神秘蛇影驰名世界，吸引了大批的观光者。塔高30米，四方对称，成阶梯形，共分九层。顶部是一方形坛庙。金字塔四面筑有宽阔的石头台阶，直通顶部。台阶两侧，是宽达1米的边墙，朝北一面的边墙下，各雕刻有一个披着羽毛、张着大嘴的蛇头。蛇头高1.43米，长1.78米，宽1.07米。"蛇影"奇景即出现在这一边的边墙上。

每年春分和秋分的下午，太阳开始西落时，边墙受太阳照射的部分，从上至下，逐渐由笔直变为波浪形，直到蛇头，远望如一条巨蟒，从塔顶蜿蜒而下。边墙上因光照依次形成排成一列的七个等腰三角形，俨如蛇背花纹，使蛇形更加逼真。这时聚集在塔前广场上的尤卡坦艺术家们，立即奏起优美的音乐，跳起欢乐的民族舞蹈，纵情欢呼"蛇神"降临。随着太阳的下落，蛇头上的阳光首先消失，接着七个等腰三角形由上而下，依次消失，直至蛇尾也消失不见。

蛇影奇景的建筑艺术，说明玛雅人已经认识到季节的变化和天气、农业的关系，并在数学、天文学、建筑学上达到很高的水平。

奇琴伊察古城金字塔

巴西 | Brazil

异域剪影

巴西国名来源于当地一种名叫"巴西"的树木，葡萄牙语意为"红木"。巴西几乎占南美洲陆地面积的一半。在1500年被发现以前，印第安人部落散居此地。巴西人口主要分为四类：土著印第安人、葡萄牙移民、非洲黑奴以及巴西独立后来自欧、亚的移民。

巴西人皆信奉天主教，是世界上信奉天主教人口最多的国家。印第安人和非洲人并未完全放弃以前的礼拜或传统信仰，与源自非洲的礼拜仪式相糅合的基督教是最流行的教派。

2/3以上的巴西人居住于沿海地带，虽然他们来自不同的国家和种族，但他们有一个共同点：极富活力与热情。足球、沙滩排球及桑巴舞等充满活力的运动是巴西人的最爱。

巴西利亚

名片快递

中文名称	巴西利亚
英文名称	Brasilia
入世时间	1987年
遗产类别	文化遗产
遴选标准	C（i）（iv）

世界遗产委员会评价：

　　1956年得到许可后，巴西利亚被确认为国家中心并作为首都，它是城市设计史上的里程碑。城市规划专家卢西奥·科斯塔和建筑师奥斯卡·尼迈尔设想了城市的一切，从居民区和行政区的布置到建筑物自身的对称，巴西利亚常常被比作鸟的形状，它表现出城市和谐的设计思想，其中政府建筑表现出惊人的想象力。

全景素描

　　巴西利亚是巴西的首都，位于巴西中部戈亚斯州高原，马拉尼翁河和维尔德河汇合而成的三角地带。海拔约1100米，其外围有8个卫星城镇，面积将近6000平方公里，人口约120万。这是一座现代化的新兴城市，于1956年才开始建设。1960年，巴西的首都从里约热内卢迁至这里。

巴西利亚由卢西奥·科斯塔和奥斯卡·尼迈尔两人设计。该市的建设有三个特点：

一是市区的建筑物风格多样，新颖别致，融汇世界古今建筑艺术的精髓，并获有"世界建筑博览会"的称号。如众议院，建筑极为奇特，呈碗形，象征要广泛听取民众的意见；而参议院，是一座覆碗状的建筑，表示重大问题应当集中。

二是绿化水平高，城内到处有草坪、鲜花和树木，像是一座花园城市。

三是城市造型和结构十分独特：巴西利亚以三权广场为核心，形同一架喷气式飞机。总统府、国会、最高法院和政府各部大楼建在机头部位；机身是城市的交通主轴；两旁是建筑规格整齐划一的高楼群；飞机两翼是商业区、住宅区、旅馆区；机舱后部是文化区、运动区；机尾是为首都服务的工业区和印刷出版区。

东部的普拉纳尔托宫是总统府的所在地。总统官邸叫曙光宫。外交部在伊塔玛拉蒂宫，位于湖中的岛上，它四周的玻璃墙，映着湖光水色，有"水晶宫"之称。国家剧院的外形像埃及的金字塔，巴西利亚大教堂如同罗马教皇的圆形帽。这里还可以看到西班牙的古城堡和欧洲巴洛克式的建筑。

与上述建筑群相交叉的是从北向西南沿着三条大街排列着的一组组住宅建筑群，逶迤10公里左右。这些建筑群皆与湖岸曲线相平行而排列，很像一弯新月。住宅区建筑风格各异，多姿多彩：有的鳞次栉比，紧相连接；有的相对集中，形成四方形的群体。

巴西利亚卓越的城市设计和规划，使其享有"超级现代化的都市"之美誉。

智利 | Chile

异域剪影

"智利"在印第安语中有"世界的边缘"之意。它位于南美洲西南部、安第斯山西麓，西濒大西洋，东、北与阿根廷、秘鲁及玻利维亚接壤。16世纪初以前属印加帝国，1541年沦为西班牙殖民地。1818年宣告独立。

大多数智利人信仰罗马天主教。智利是拉丁美洲新教徒比例最高的国家，约10%的人信仰新教。也有少数犹太、东正教徒。

智利地势狭长，从北部的沙漠地带到南端的冰川极地型地区，景色各具特点。智利的复活节岛位于太平洋东南角，距智利海岸3900公里。全岛发现1000多尊巨大的半身人面石像，其中600多尊整齐地排列在海边。关于石像的雕刻、运输及其寓意，一直是人类最大的谜团之一。

复活节岛国家公园

名片快递

中文名称	拉帕努伊（复活节岛）国家公园
英文名称	Rapa Nui National Park
入世时间	1995年
遗产类别	文化遗产
遴选标准	C（i）（iii）（v）

世界遗产委员会评价：

拉帕努伊是当地人对复活节岛的称呼，证明了一种独特的文化现象。波利尼西亚人约在公元300年时在那里建立了一个社会，他们不受外部影响，创建了极大的且富有想象力的、独特的巨型雕刻和建筑。从公元10世纪到16世纪期间，这个社会建筑了神殿并树立起了巨大的石像，称为莫阿伊，它们至今仍是一道无与伦比的文化风景，使整个世界为之着迷。

全景素描

复活节岛，太平洋东南部的小岛，面积117平方公里，行政上属于瓦尔帕莱索省。岛上人口约2000人，目前保留着波利尼西亚的文化传统和习俗。该岛海岸十分陡峭，气势雄险，大致呈三角形，其三个顶点附近分别有一座火山；中部则是风沙横行的荒漠，土层浅，含硫量高，农作物难以生长。岛上既无河流湖泊，也无高大树木，植物和动物都相当贫乏。

这个小岛虽然贫瘠，却在世界上名闻遐迩，当地人称它为"拉帕努伊"，意思是"石像的故乡"。复活节岛是1722年被发现的。当时，荷兰的一个舰队司令罗格文率领三艘军舰在南太平洋航行，突然，前方出现了一个亮点。"难道是一座岛屿？"他想，"为什么航海图上没有呀？"当船逐渐靠近小岛的时候，荷兰人才发现岛的四周黑压压的一片，矗立着一大批巨石雕像，因为这天是复活节，所以，他把这个小岛叫作复活节岛。

在复活节岛的四周，有600尊火成岩雕琢的半身石像，一般高7~10米。岛东南部山区还有300多尊尚未雕成的石像，其中有一尊竟高达22米，几乎相当于五层楼房的高度，脑袋长7米，直径3米，鼻长3.4米，躯干13米。石像最重的达400吨以上，最轻的也有几吨，平均重量60吨左右。它们的头上有的还戴着红色岩石雕刻的发髻，发髻直径1.8~2.5米，高约1.5米，重的有30吨。此外，还有少数石像弃置在搬运的路上，或者倒伏在荒野草丛之中。

这些石像的造型也非常奇特，高高的鼻子翘起，薄薄的嘴唇紧闭着，像是表示轻蔑，又像是表示嘲笑；没有眼珠，只是在斜面的前额下凹陷着两个轮廓分明的眼窝；眉弓宽大，耳郭偏长；一双长手置于腹部，面向大海，若有所思。他们肩并肩站在一起，气势磅礴，雄伟壮丽。

在复活节岛的南部有一些石板，上面刻有象形文字，至今无人能够破译。据测定，这些石像是在公元前1680—1100年间完成的。但是这些石像的雕刻者是谁？它们有何含义？雕刻的目的是什么？人们当时如何雕刻、搬运和排列这样巨大的石像？目前都还没有得到令人满意的答案。

大洋洲
OCEANIA

澳大利亚 | Australia

异域剪影

　　澳大利亚位于南半球的大洋洲,是世界第六大国。国土四面环海,地理位置孤绝。土著人口在澳洲已定居4—6万年之久。1616年荷兰人最早到达该地,发现当地没有任何商业价值,便失去了兴趣。1770年,英国人库克发现了澳大利亚东南部富饶的海岸地带,欧洲白人才逐渐移入。19世纪,由于澳大利亚盛产羊毛及发现金矿,欧洲殖民人口激增。澳大利亚联邦于1901年成立。

　　澳大利亚幅员辽阔,珍稀动物丰富,有"世界活化石博物馆"之称。澳洲小镇风光、古老的田庄、剪羊毛场景以及大陆内部的原始风光,都是具有相当吸引力的旅游观光项目。热带、亚热带气候和海滩使之成为水上运动、海滨疗养和避暑、避寒的好地方。

卡卡杜国家公园

名片快递

中文名称	卡卡杜国家公园
英文名称	Kakadu National Park
入世时间	1981年，1987年，1992年
遗产类别	双重遗产
遴选标准	N/C（ii）（iii）（iv）/（i）（vi）

世界遗产委员会评价：

卡卡杜国家公园位于澳大利亚领土的北部，是考古学和人种学唯一保存完好的地方，并连续有物种栖居达40000多年之久。山洞内的壁画、石雕以及考古遗址表明了那个地区从史前的狩猎者和原始部落到仍居住在那里的土著居民的技能和生活方式。这是一个典型的生态平衡的例子，包括那些潮汐浅滩、漫滩、低洼地以及高原在内，为大量的珍稀动植物提供了优越的生存条件。

全景素描

卡卡杜国家公园位于澳大利亚北部达尔文市以东200公里处，面积131.6万公顷，曾是土著自治区。1979年被辟为国家公园，是目前澳大利亚最大的国家公园，以郁郁葱葱的原始森林、各种珍奇的野生动物，以及保存有两万年前的山崖洞穴的原始壁画而闻名于世。

卡卡杜国家公园的动物种类丰富，是澳大利亚北部地区的典型代表。

公园中有64种土生土长的哺乳动物，占澳大利亚已知的全部陆生哺乳动物的1/4以上。澳大利亚1/3的鸟类在这里聚居繁殖，品种在280种以上，其中各种水鸟为其代表性鸟类。禽鸣鸟啼于一片鼓噪熙攘声中，更显蓬勃生机。每当傍晚飞鸟归巢时，丛林中和水塘边，一些为澳洲特产的野狗、针鼹、野牛、鳄鱼等便从巢穴出来觅食。

卡卡杜国家公园是世界上唯一的考古学和人种学保护区，从40000年前起就一直有人居住。公园内存有一组组绘画和象形文字，生动再现了从新石器时期到20世纪这段漫长历史中，土著人渔猎的情形和生产技术的发展历史以及日常的生活场景，这些象形文字的意义至今未变。

卡卡杜国家公园有三个考古区，在这里发现了澳大利亚最早的人类定居点遗址和世界上最古老的用磨光的石头制作石斧的作坊遗址。在遗址内还发现了用来绘画的赭石块，据考证有25000年的历史。

土著艺术集中在阿纳姆地陡坡一带及其孤峰上，堪称石窟艺术的典范。这些岩石壁画保存完好，是两万年前的人们凭借火把在深邃的洞穴内用不同颜色的赭石刻画涂抹而成的，总数量达到5000幅。这些壁画的特征就是以细线条勾画出人和动物的骨骼。壁画内容反映出当地加古族人先民的生活、生产方式以及某些野兽、飞

卡卡杜国家公园壁画

禽的图像，其中一部分内容与原始图腾信仰、宗教礼仪有关。有些画描绘的是传统中的英雄，有的则表现今已绝迹的动物，如塔斯马尼亚狼。也有一些为现代人所不了解的抽象图案，如：人体壁画很奇特，头常呈倒三角形，耳朵呈方形，身躯及四肢特别细长，并常可见到多头臂的人体图形。研究人员认为，这些壁画在当地的日常和宗教生活中起过重要作用。

大堡礁

名片快递

中文名称	大堡礁
英文名称	Great barrier Reef
入世时间	1981年
遗产类别	自然遗产
遴选标准	N（i）（ii）（iii）（iv）

世界遗产委员会评价：

　　大堡礁位于澳大利亚东北岸，是一处绵延2000公里的地段。这里景色迷人、险峻莫测，水流异常复杂，生存着400余种不同类型的珊瑚礁，其中有世界上最大的珊瑚礁；鱼类1500种，软体动物4000余种，聚集的鸟类242种，有着得天独厚的科学研究条件。这里还是某些濒临灭绝的动物物种（如人鱼和巨型绿龟）的栖息地。

全景素描

　　大堡礁是世界最大的珊瑚礁区，澳大利亚著名旅游胜地。位于南太平洋珊瑚海西部，北起托雷斯海峡，南到南回归线附近，绵延伸展2000余公里，面积约8万平方公里，距海岸约20~350公里，北窄南宽，水深35~70米，船舶经此只能沿着几条弯曲而危险的通道航行。

　　大堡礁状若海上防坡堤，堤内水深30~120米。大堡礁是由珊瑚虫骨

大堡礁海岸

骸堆积形成的。珊瑚虫是一种腔肠动物，能分泌石灰质，多生活在热带和亚热带的海洋。珊瑚虫一旦暴露在空气中就会死亡，珊瑚虫残骸和藻类、贝壳等海生生物形成的石灰质经长年累月的积聚成为礁石；再经过千秋万代的沧桑演变，形成巨大的珊瑚礁群。露出水面的珊瑚礁又叫珊瑚岛，一般只有几平方公里；多沙，土壤瘠薄，地势低平，在退潮时也只能露出海面3~10米。

大堡礁共有600余个这样的岛屿，由350种绚丽多彩、千姿百态的珊瑚组成。大堡礁大部分没入水中，在10多个较大的岛屿上，有各种旅游设施，供游人观赏海洋奇景。在水下观察室可观看珊瑚洞穴中栖息着的数百种美丽的鱼类和稀奇古怪的海洋生物，海参、海马、海星和各种珊瑚，五光十色，色彩斑斓，令人叹为观止。

大堡礁

书目

001. 唐诗
002. 宋词
003. 元曲
004. 三字经
005. 百家姓
006. 千字文
007. 弟子规
008. 增广贤文
009. 千家诗
010. 菜根谭
011. 孙子兵法
012. 三十六计
013. 老子
014. 庄子
015. 孟子
016. 论语
017. 五经
018. 四书
019. 诗经
020. 诸子百家哲理寓言
021. 山海经
022. 战国策
023. 三国志
024. 史记
025. 资治通鉴
026. 快读二十四史
027. 文心雕龙
028. 说文解字
029. 古文观止
030. 梦溪笔谈
031. 天工开物
032. 四库全书
033. 孝经
034. 素书
035. 冰鉴
036. 人类未解之谜（世界卷）
037. 人类未解之谜（中国卷）
038. 人类神秘现象（世界卷）
039. 人类神秘现象（中国卷）
040. 世界上下五千年
041. 中华上下五千年·夏商周
042. 中华上下五千年·春秋战国
043. 中华上下五千年·秦汉
044. 中华上下五千年·三国两晋
045. 中华上下五千年·隋唐
046. 中华上下五千年·宋元
047. 中华上下五千年·明清
048. 楚辞经典
049. 汉赋经典
050. 唐宋八大家散文
051. 世说新语
052. 徐霞客游记
053. 牡丹亭
054. 西厢记
055. 聊斋
056. 最美的散文（世界卷）
057. 最美的散文（中国卷）
058. 朱自清散文
059. 最美的词
060. 最美的诗
061. 柳永·李清照词
062. 苏东坡·辛弃疾词
063. 人间词话
064. 李白·杜甫诗
065. 红楼梦诗词
066. 徐志摩的诗

067. 朝花夕拾	100. 中国国家地理
068. 呐喊	101. 中国文化与自然遗产
069. 彷徨	102. 世界文化与自然遗产
070. 野草集	103. 西洋建筑
071. 园丁集	104. 西洋绘画
072. 飞鸟集	105. 世界文化常识
073. 新月集	106. 中国文化常识
074. 罗马神话	107. 中国历史年表
075. 希腊神话	108. 老子的智慧
076. 失落的文明	109. 三十六计的智慧
077. 罗马文明	110. 孙子兵法的智慧
078. 希腊文明	111. 优雅——格调
079. 古埃及文明	112. 致加西亚的信
080. 玛雅文明	113. 假如给我三天光明
081. 印度文明	114. 智慧书
082. 拜占庭文明	115. 少年中国说
083. 巴比伦文明	116. 长生殿
084. 瓦尔登湖	117. 格言联璧
085. 蒙田美文	118. 笠翁对韵
086. 培根论说文集	119. 列子
087. 沉思录	120. 墨子
088. 宽容	121. 荀子
089. 人类的故事	122. 包公案
090. 姓氏	123. 韩非子
091. 汉字	124. 鬼谷子
092. 茶道	125. 淮南子
093. 成语故事	126. 孔子家语
094. 中华句典	127. 老残游记
095. 奇趣楹联	128. 彭公案
096. 中华书法	129. 笑林广记
097. 中国建筑	130. 朱子家训
098. 中国绘画	131. 诸葛亮兵法
099. 中国文明考古	132. 幼学琼林

133. 太平广记
134. 声律启蒙
135. 小窗幽记
136. 孽海花
137. 警世通言
138. 醒世恒言
139. 喻世明言
140. 初刻拍案惊奇
141. 二刻拍案惊奇
142. 容斋随笔
143. 桃花扇
144. 忠经
145. 围炉夜话
146. 贞观政要
147. 龙文鞭影
148. 颜氏家训
149. 六韬
150. 三略
151. 励志枕边书
152. 心态决定命运
153. 一分钟口才训练
154. 低调做人的艺术
155. 锻造你的核心竞争力：保证完成任务
156. 礼仪资本
157. 每天进步一点点
158. 让你与众不同的8种职场素质
159. 思路决定出路
160. 优雅——妆容
161. 细节决定成败
162. 跟卡耐基学当众讲话
163. 跟卡耐基学人际交往
164. 跟卡耐基学商务礼仪
165. 情商决定命运
166. 受益一生的职场寓言
167. 我能：最大化自己的8种方法
168. 性格决定命运
169. 一分钟习惯培养
170. 影响一生的财商
171. 在逆境中成功的14种思路
172. 责任胜于能力
173. 最伟大的励志经典
174. 卡耐基人性的优点
175. 卡耐基人性的弱点
176. 财富的密码
177. 青年女性要懂的人生道理
178. 倍受欢迎的说话方式
179. 开发大脑的经典思维游戏
180. 千万别和孩子这样说——好父母绝不对孩子说的40句话
181. 和孩子这样说话很有效——好父母常对孩子说的36句话
182. 心灵甘泉